KB041564

당신에게 행운이 옵니다

운BTI

박성준 지음

운 Based Type Indicator

소미미디어
Somy Media

나도 몰랐던 '나'
내가 잘못 알았던 '너'를
제대로 바라보는 사주 속 '성격' 읽기

"너 자신을 알라."
인생의 시작은 자기 자신을 제대로 알고 이해하는 것에서부터
출발한다.

'나'에 대한 통찰과 이를 바탕으로 '너'를 이해할 때
우리가 바라는 운과 건강, 성장과 성공, 부와 명예가
만들어진다.

운BTI운 Based Type Indicator 는
수천 년에 걸쳐 동양인의 운명을 해석한 사주 명리학을
근간으로 한다.
사람의 생년, 월, 일, 시의 네 가지로 이루어진 사주에
음양오행의 원리를 적용한 것을 보다 이해하기 쉽게 풀이하여
우리의 성격을 제대로 알 수 있도록 만들었다.

만세력 사이트나 애플리케이션에서 자신의 생년월일시를
입력하면 사주팔자라는 표가 나오고 그 안에 글자들이 보인다.
바로 이 명리학의 글자를 보고 자신의 성격을 알아내는
방법이다.
각 글자를 이해하기 쉽도록 동물과 자연으로 표현했으며
1단계 60가지 동물, 2단계 10가지 자연, 3단계 10가지 타고난 기질 를
거치면서 보다 정확한 자신의 모습에 다가설 수 있다.

타고난 기질과 성향,
곧 나를 알아야 달라질 수 있고
그것을 넘어서는 성숙함과 성장을 쌓아갈 때 인생은 변한다.
그리고 당신에게 행운이 온다.

박성준

차례

 1단계 **일주** 태어난 날짜 두 개의 글자로
자신을 알아보기

2단계 **일간** 태어난 날짜 첫 번째 글자로
자신을 알아보기

3단계 십성 태어난 날짜 주변 글자로 자신을 알아보기

더 알아보기

1. 사주, 운세 사이트나 앱의 만세력에서 태어난 생년월일시를 입력한다.

2. 조금씩 차이는 있지만 대체로 아래와 같은 사주팔자 표가 나온다.

[사주팔자] 예시 : 1986년 5월 1일 오후 2시 (양력)

오후 2시	1일	5월	1986년
시時	일日	월月	연年
癸 편인	乙	壬 인수	丙 상관
未 편재	巳 상관	辰 정재	寅 겁재

3. 표 속에 있는 글자로 나의 성격을 알아볼 수 있다.

이 책의 1단계 내용은 태어난 날짜(일) 칸의 두 개의 글자를 근간으로 사람의 성격을 알아보는 방법이다. 자신의 글자를 확인하고 책 속에서 해당되는 글자의 내용을 읽어보면 나의 성격을 알 수 있다. 이를 보다 이해하기 쉽도록 동물로 표현했으며 만세력에 따라 한글 또는 한자로 표기되어 있다.

시時	일日	월月	연年
계癸	을乙	임壬	병丙
미未	사巳	진辰	인寅

4. 내 성격을 더 알고 싶다면 2단계 내용을 참조하면 좋다.

2단계는 태어난 날짜 칸의 첫 번째 글자로, 나 자신이며 가장 근본적인 성향이라고 할 수 있다. 10가지 자연으로 표현하여 성격 외에도 직업운, 재물운, 건강운, 연애운 등을 알아볼 수 있다.

시時	일日	월月	연年
계癸	을乙	임壬	병丙
미未	사巳	진辰	인寅

5. 성격에 영향을 주는 타고난 기질을 알고 싶다면 3단계를 적용하면 된다.

보통 한자 주변에 한글로 표시되는 글자로, 같은 글자 수가 많다면 그 기질이 강하다는 것이며 없는 글자는 그 기질이 약하다는 뜻이다.

시時	일日	월月	연年
癸 편인	乙	壬 인수	丙 상관
未 편재	巳 상관	辰 정재	寅 겁재

1단계.

[**일주**] 태어난 날짜 두 개의 글자로 자신을 알아보기

목		화		토		금		수	
+목	-목	+화	-화	+토	-토	+금	-금	+수	-수
갑자 청색쥐	을축 청색소	병인 붉은 호랑이	정묘 붉은토끼	무진 황금용	기사 황금뱀	경오 흰말	신미 흰양	임신 검은 원숭이	계유 검은닭
갑술 청색개	을해 청색돼지	병자 붉은쥐	정축 붉은소	무인 황금 호랑이	기묘 황금토끼	경진 흰용	신사 흰뱀	임오 검은말	계미 검은양
갑신 청색 원숭이	을유 청색닭	병술 붉은개	정해 붉은돼지	무자 황금쥐	기축 황금소	경인 흰호랑이	신묘 흰토끼	임진 검은용	계사 검은뱀
갑오 청색말	을미 청색양	병신 붉은 원숭이	정유 붉은닭	무술 황금개	기해 황금돼지	경자 흰쥐	신축 흰소	임인 검은 호랑이	계묘 검은토끼
갑진 청색용	을사 청색뱀	병오 붉은말	정미 붉은양	무신 황금 원숭이	기유 황금닭	경술 흰개	신해 흰돼지	임자 검은쥐	계축 검은소
갑인 청색 호랑이	을묘 청색토끼	병진 붉은용	정사 붉은뱀	무오 황금말	기미 황금양	경신 흰원숭이	신유 흰닭	임술 검은개	계해 검은돼지

2단계.

[일간] 태어난 날짜 첫 번째 글자로 자신을 알아보기

목木		화火		토土		금金		수水	
갑 큰나무	**을** 작은 나무	**병** 큰불	**정** 작은불	**무** 넓은땅	**기** 촉촉한 땅	**경** 단단한 바위	**신** 날카 로운 금속, 보석	**임** 큰물	**계** 옹달샘
강직 고집 두각 낭비 독립 성장	예민 의지 쇠약 유약 허약 실리	적극 개방 명랑 허영 과장 단순	온정 집요 연구 개혁 정열 차분	우직 신의 중립 중용 믿음 중후	온화 겸손 순정 근검 충실 포용	의협 과감 정의 냉정 용단 의리	치밀 분석 섬세 단순 현실 기억	활달 사려 희생 포용 슬기 유연	겸손 민감 분별 소극 냉정 준법

3단계.

[십성] 태어난 생년월일시에 의한 타고난 기질 10가지로 자신을 알아보기

비겁	식상	재성	관성	인성
비견 자존심	**식신** 연구와 분석	**편재** 관리와 통제능력	**편관** 희생과 참을성	**편인** 부정수용과 의심
겁재 경쟁과 승부욕	**상관** 사교성과 표현력	**정재** 꼼꼼함과 안정	**정관** 합리성과 명예욕	**정인** 직관력과 정

1단계.

일주

태어난 날짜

두 개의 글자로

자신을 알아보기

갑 甲

훌륭한 열매를 맺고자 돌진, 비약, 성장을 추구한다

큰나무로 비유될 수 있으며 음양오행陰陽五行의 10가지 기운 중 가장 처음에 나타난 기운이다. 양의 나무 기운으로 동적이고 활발한 생명력을 가지고 있으며 천둥, 번개와 같이 요란하고 큰 것을 나타낸다. 또 시작과 돌진, 비약과 같은 역동성을 가지며 우두머리, 책임자, 연장자를 의미한다. 성장하여 훌륭한 열매를 맺는 것이 목적이며 나무로서 타서 불을 만들고 땅에 뿌리를 내려 땅을 단단하게 만들며 물을 흡수하며 자라나는 것이 큰나무의 본질적 성향이라고 할 수 있다.

방향은 동쪽, 계절은 봄, 색은 청색을 상징하며 소리, 직선, 상승, 인의仁義를 상징한다. 또 아름드리나무와 같은 큰나무를 나타내며 녹색과 청색의 기운으로 태어났다.

청색원숭이
갑신

청색개
갑술

청색쥐
갑자

시時	일日	월	연年
	갑甲		

청색호랑이
갑인

청색용
갑진

청색말
갑오

갑자 甲子
청색쥐

무언가를 배우고자 하는 욕구와 리더 성향이 강하다

안목이 높으며 이상적인 것을 추구한다. 성격이 적극적이고 추진력이 강하여 기회를 잘 포착하는 리더십, 보스기질이 있다. 이렇게 우두머리가 되려는 면이 강하여 때로는 과하게 정열적인 부분이 있고 자만심과 과욕이 있다. 반면에 어질고 너그러운 면도 있고 인정이 많아 다른 사람을 위하는 일에 앞장선다. 타인을 가르치는 교육자나 학자가 어울리고 새로운 것을 배우고 공부하는 것을 좋아해서 직업 관련 또는 단순한 호기심으로도 배우고자 한다. 공부를 통해 한 분야에서 전문가의 길을 가는 것이 좋다. 바람기가 있는 편으로 새로운 시작과 인연을 좋아한다. 연애운이 좋으며 그 연애운이 결혼 후에도 지속될 수 있어 주의가 필요하다. 직업의 안정이 늦는 편으로 직장과 주거의 변화가 많다고 할 수 있다.

진취적 성공지향적 자신감 요령

갑술 甲戌
청색개

자기관리를 잘하며 끊임없이 성장하려고 한다

기본 성향이 자립적이고 관리 및 통제능력이 뛰어나다. 다소 독선적이고 자기 우월감이 있다. 또 유흥을 즐기며 목표를 향해 돌진한다. 거대한 꿈과 욕망이 있어 시시해 보이는 일에는 관심을 두지 않고 끊임없이 성장하려고 하며 거대한 사업이나 큰돈을 단기간에 벌어서 일어나려는 욕구도 강하다. 이렇게 한방에 일어서려는 욕심은 재기 불가능한 실패로 갈 수도 있기 때문에 가정이나 직장, 사업 등에서 위기관리를 평생에 걸쳐서 잘해야 한다.

우두머리 기질이 있는데, 여자의 경우도 남자가 경제적 역할을 하지 못하면 자신이 직접 나서 생활력을 발휘하기도 한다. 성격이 급해서 일을 그르치는 경우가 많으므로 조급하지 않게 마음을 잘 잡는 것이 필요하다.

 # 온화 정직 부지런함 사려깊음

갑신 甲申
청색원숭이

새로운 환경에 적응을 잘하며 삶에 변화가 많다

보통 머리가 좋고 대체로 계산도 잘되므로 자신의 성공을 위해 이를 충분히 활용한다. 또 통솔력이 있어서 다른 사람들을 이끌어 가는 힘이 있다. 부지런하고 생활력도 강하지만, 한곳에 머물지 못하고 가만있지 못하여 타지에서 일하거나 움직임이 많은 일을 할 가능성이 있다.

새로운 환경에 적응력이 높아 변화가 많은 일에서 발전하며 달리 말하면 앉은 자리가 불편하여 밖으로 계속 돌려고 하는 기질이 있다고도 할 수 있다. 이런 점 때문에 재주가 많고 취미도 다양하며 리더십도 있으나 자기 자신을 지나치게 믿어 돌진하는 스타일이다. 그러니 남에게 이용당하거나 배신당하는 경우가 종종 발생할 수 있어 유의해야 한다.

명성 개척정신 직관

갑오 甲午
청색말

자신의 일에서 성공하여 안정된 삶을 추구한다

언변이 뛰어나고 명랑하며 순간적인 임기응변과 재치가 있다. 기회를 포착하는 데 뛰어나고 타인과의 소통도 좋은 편으로 잘 맞춰줄 수 있다. 하지만 인내심은 다소 부족하고 감각이 예민해 감정을 잘 조절할 수 있도록 하는 것이 중요하다. 수완도 좋은 편으로 직장생활이나 사업에서 실력을 발휘해 돈을 버는 힘이 있다. 일에서의 성공을 원해 실력으로 인정받고자 하며 대체로 일과 돈에서 안정된 삶을 영위하고자 한다.

타인을 얕잡아보는 면도 있으니 겸손한 마음을 가지고 주변 사람들이 무시당하는 기분이 들지 않도록 배려하는 것이 좋다. 자신의 끼를 적극적으로 잘 표현하여 인기를 얻기 쉬우나 남녀 모두 이성문제에 구설과 시비가 있을 수 있으므로 조심해야 한다.

 # 친절 협동 이성적 표현력

갑진 甲辰
청색용

명예욕이 강하며 실패해도 다시 회복하는 능력이 있다

　남에게 지기 싫어하고 자기 우월감이 강해서 칭찬에 목말라하고 칭찬에 약하다. 명예욕이 있기 때문이다. 자기 잘난 맛이 있고 그것을 즐기므로 자신이 직접 해야 성에 찬다. 이 승부욕과 우월감이 운이 안 좋은 시기를 만나면 무모함과 아집이 되어 재산이 크게 깨질 수 있다. 일반적으로 직장생활보다는 자기 사업을 하려고 하고 통이 크므로 돈이 들어오고 나감이 남들보다 아주 큰 편이다. 이렇게 기복이 심한 것은 돈뿐 아니라 이성과 주변 사람들도 마찬가지여서 있을 때와 없을 때가 너무 확연하게 극단적으로 차이가 난다. 차서 넘치거나 아예 아무것도 없는 극과 극인 경우가 많다. 하지만 없어져도 또 금세 회복한다. 사업실패로 빚을 져도 0의 상태로 빠르게 만드는 재주가 있다. 100승 1패여도 그 1패가 큰 실패가 될 수 있으니 주의해야 한다. 여자에게는 다소 권위적인 모습의 남자이다.

 # 혁명적 담대함 탐구적 솔직

갑인 甲寅
청색호랑이

자기 스타일대로 끌고 가려고 하며 투쟁심이 강하다

기본적으로 자아가 강하고 자긍심이 센 편이다. 경쟁해서 이기려고 하는 승부욕이 있으며 독립적이고 투쟁심도 강하므로 굽히지 않고 버티어 나가는 기질이 있다. 또 통솔력이 있고 배포가 크지만 다소 독선적이다. 자기 스타일대로 끌고 가려고 하는 우두머리형으로 유연함이 약하고 남의 말을 듣지 않아 인생에 풍파가 있을 가능성이 높다.

작은돈보다는 큰돈에 관심이 많고 스케일도 크기 때문에 좋을 때와 나쁠 때의 기복이 상당히 심하다. 좋을 때는 자존감이 금방 살고 나쁠 때는 자기 자존심에 못 이겨 남들보다 더 고통스러워한다. 자기 마음을 안정적으로 다스리는 방법을 터득하는 게 필요하다. 이렇게 역동성이 많으므로 그 변화의 흐름에서 나아가야 할 때와 멈추고 가만히 있어야 할 때를 아는 것이 무엇보다 중요하다.

 # 관대함 협력 사교성

섬세한 아름다움을 펼치는 것에 의미를 둔다

작은나무로 표현되며 음기의 나무이다. 큰나무와 같이 나무이기는 하지만 크고 높게 자라는 나무가 아니라 화분에 피어 있는 꽃과 같은 화초목이다. 작은나무는 조용하고 차분하며 눈에 잘 띄는 곳에서 그 아름다움을 펼쳐 보여주는 것이 가장 중요한 일이다. 봄의 작은나무는 개나리, 진달래이고, 여름에는 모란, 장미이다. 가을에는 국화와 코스모스이고, 겨울에는 온실 속의 꽃이다. 바람과 꽃, 아름다움을 의미하며 부드럽고 완만한 곡선을 나타낸다. 화사함, 사치스러움, 소식, 이별의 의미를 내포하고 대체적으로 정적靜的이며 조용하다.

큰나무와 같이 방향은 동쪽, 계절은 봄, 색은 청색을 상징하며 가위, 집게와 같이 두 개로 갈라지는 것을 상징한다. 또 덩굴, 타자, 새, 붓, 털, 실을 나타내며 보리, 화초, 묘목, 가구, 종이, 의복을 상징하며 연두색의 기운으로 태어났다.

청색닭
을유

청색돼지
을해

청색소
을축

시時	일日	월月	연年
	을 乙		

청색토끼
을묘

청색뱀
을사

청색양
을미

을축 乙丑
청색소

조용하게 자신이 뜻한 바를 이루어내는 뚝심이 있다

성격이 다소 소심한 면이 있으나 부드럽고 섬세하다. 실제로 겉모습은 유순해 보이는 경우가 많다. 특히 주변 사람이나 환경과 화합을 잘하며 성실하고 꾸준하게 자기 일을 완수해낸다. 자신이 뜻한 바를 이루어내는 의지와 뚝심이 있는 것이다. 돈에 관심이 많고 돈을 버는 탁월한 능력이 있으며 사업에 대한 안목도 뛰어나 좋은 결과를 내는 편이다. 조용하게 자신의 일을 완성해 나가며 실속을 찾는다.

하지만 끊임없이 현실적인 결과를 향해 달려가므로 열심히 사는 것에 비해 현실적으로 못 살고 있다는 생각이 들면 좌절을 맛보고 방황하기도 한다. 그러므로 때로는 마음에 여유를 가질 필요가 있다.

#민첩 품위 성실 윤리적

올해 乙亥
청색돼지

물질보다는 정신적인 만족을 중요시하는 삶이 어울린다

사람이 성실하며 안정감이 있다. 차분하고 신중하여 심사숙고하는 성격이다. 머릿속에 생각과 고민이 많은데 예감과 직감도 발달한 편이다. 상상력과 창의력도 강해 글을 쓰는 일이나 아이디어 계통의 일이 어울린다고 할 수 있다. 안전한 것을 좋아하는 경향이 있으므로 남자는 정신적으로 포용해줄 수 있는 배우자를 만나는 것이 좋고 여자는 남자에게 내조를 잘하면서 사는 모습이 어울린다.

기본적으로 명예와 정신적인 만족을 중요하게 생각한다. 실제로 물질보다는 명예와 정신적인 부분에 비중을 두고 열중해 나갈 때 자신에게 어울리는 성공에 가까이 다가가게 된다는 것을 기억하자.

 # 헌신 단체활동 올바름 설득력

을유 乙酉
청색닭

일과 타인에 대해 성심성의껏 자신의 본분을 다한다

딱 떨어진 정연한 생활을 좋아한다. 또 다른 사람에 맞춰서 정성을 다하는 스타일이다. 하지만 마음이 여려 그 내면은 작은 것에 쉽게 상처를 입고 아파한다. 이렇게 누적된 곪아있는 상처로 인해 외부 자극에 날카롭게 반응하기도 한다.

다소 박력은 부족하지만 군, 검, 경찰 등의 일에 어울리는 기질도 가지고 있다. 일적인 부분에 있어서 성의껏 자신의 본분을 다하는 타입이다. 하지만 금전적 욕심과 유혹에 사로잡히지 말고 자기 분수에 맞는 욕심을 내는 것이 중요하다고 볼 수 있다. 또 마음의 변화가 많고 신경성으로 인해 건강이 약해지는 경우가 많아 평소 두통과 스트레스 관리를 잘해야 자신이 원하는 삶을 추구할 수 있다.

 # 포용력 개방적 공정 사교적

을미 乙未
청색양

상대의 마음을 이해, 지배하려고 하는 성향이 강하다

　인정이 많고 부드러우며 상대의 마음을 잘 이해해주지만 예민하고 까다로우며 변덕스러운 면이 있다. 마음이 여려 한번 상처를 받으면 그 상처가 오래 남는 편이다. 무엇보다 실속을 중요하게 생각하며 돈에 대한 욕심이 많고 통이 커서 작은돈에는 연연하지 않는다. 하지만 돈이 들어와도 줄줄 새어나가 수입과 지출의 불균형이 발생하는 경우가 많으므로 반드시 균형 있게 관리해야 한다. 남을 기꺼이 돕기 때문에 필요할 때 금전적인 도움도 받을 수 있다. 가족뿐 아니라 대인관계에서 지배하려고 하는 마음이 있어 타인을 간섭하려고 하므로 주변 사람들에게 잔소리를 지나치게 하는 경우가 많다. 물론 상대를 따뜻하게 위하고자 하는 마음이지만 적절한 선을 지켜야 한다.

#사려깊음 배려 측은지심

을사 乙巳
청색뱀

자기만의 매력이 있어 외부활동이 많은 타입이다

인상은 조용해 보이지만 사람과의 관계에서 유연함도 지니고 있으며 사교적인 편이다. 대체로 용모가 준수하고 자신만의 매력이 있어 이성뿐만 아니라 사람들에게 인기가 있다. 이러한 인기로 구설이나 시기, 질투가 생길 수 있으나 때로는 명예와 경제적인 보상이 따라주기도 한다. 흔히 결단력과 용기가 부족하여 중요한 결정 앞에서 머뭇거리는 경향이 있다. 생활적인 면에서는 자기 분수를 넘어선 허영심과 사치가 있을 수 있다.

밖에서 움직임이 많은 스타일로 사회생활에서 대인관계가 늘어남에 따라 가정에 소홀해질 수 있으니 가족과 가까운 인연에 신경 쓰는 것을 잊지 말도록 하자.

 # 지혜 직관 예민 아름다움

을묘 乙卯
청색토끼

타인의 간섭과 통제를 거부하며 자기주장이 뚜렷하다

기본적으로 독립심이 있으며 성품이 바르고 곧은 면이 있다. 그렇지만 간섭이라면 질색을 한다. 그만큼 타인의 통제를 싫어하는 성격이라 할 수 있다. 부드럽게 보이는 겉모습에 비해 주관과 자기주장이 강하고 자기 신념이 남달라 남으로부터의 통제를 싫어하는 것이다. 반대로 남의 일에 간섭하는 것을 즐기기도 한다.

보통은 혼자 하는 일이 잘 맞지만, 다소 시야가 좁은 면이 있고 독선적으로 되어 종종 일을 그르치기도 한다. 그러니 의식적으로 다른 사람들의 의견을 받아들이는 자세를 지니는 것이 좋다. 무엇보다 동성이든 남녀 간이든 서로 양보하고 인내하는 지혜가 필요하니 마음에 기억하자.

 # 이해심 관대 외교적 출세지향적

병丙

만물을 밝게 비추며 확산의 의미를 지닌다

큰불로 비유되며 음양오행 중 양기의 불이다. 모든 양기를 대표하는 양기 중의 양이 바로 큰불이다. 큰나무 다음으로 양의 기운 중 가장 강력하다. 태양과 같이 모든 만물을 비추어 밝게 빛나게 하고 성장하게 하는 불을 말한다. 큰불은 태양의 빛이라 사방으로 뻗쳐나가는 확산의 기운이 있어서 허세가 있으며, 사치가 있고, 오만하기도 하다. 또 지붕, 차양과 같이 높고 큰 것을 의미한다.

고층 건물과 같이 크고 높은 것을 상징하며 방향은 남쪽, 계절은 여름, 색은 붉은색, 맛은 쓰며 성질은 예의 바르고 신체에서는 심장을 상징한다. 태양과 같은 큰불이며 붉은색의 기운으로 태어났다.

붉은개
병술

붉은쥐
병자

붉은호랑이
병인

시時	일日	월	연年
	병丙		

붉은용
병진

붉은말
병오

붉은원숭이
병신

붉은호랑이

자신을 끊임없이 밖으로 드러내며 바쁘게 돌아다닌다

성격이 매우 활동적이고 열정적이다. 하고 싶은 것은 꼭 해야 하며 특히 문화, 예술에 관심이 많다. 미래에 대해 큰 계획과 희망을 꿈꾸지만 다소 실속이 약한 면이 있다. 화려하게 밖으로 드러난 아름다움에 관심이 많아 자신을 끊임없이 드러내어 표현하고자 하므로 말을 잘하고 자신이 원하는 결론대로 대중을 움직이는 힘이 있다. 이렇게 해서 다른 사람으로부터 주목을 받으며 직업적으로는 유통에 관련한 업종에서 두각을 나타내기도 한다. 반면에 그만큼 구설수도 따른다.

일단 마음먹으면 쉽게 달려들어 빠르게 일을 진행하는 추진력이 있으며 항상 바쁘게 돌아다니는 등 움직임이 분주하다. 지인들은 많으나 실속 있는 관계가 많지 않고 움직임에 비해서 얻는 것이 다소 약하므로 실리를 찾으려는 노력이 필요하다.

#행동적 열정적 독립성 감각적

병자 丙子
붉은쥐

자신의 생활을 안정적으로 이끌어가며 독립심도 강하다

흔히 용모가 수려한 편에 속한다. 남에게 도움을 청하는 자신을 잘 받아들이지 못한다. 그러니 다른 사람에게 의지하지 않고 신세도 잘 지지 않으려고 한다. 만약 신세를 지게 된다면 반드시 보답하려는 경향이 있다.

한편으론 전통이나 위계를 중요하게 생각하는 보수적인 면이 있다. 그래서 규율이 확실한 공직이나 직장생활이 어울리며 남들이 부러워할 만한 지위나 자리에 오르는 경우가 많다.

시간이 다소 걸릴 수는 있어도 자연스럽게 자신의 인생을 안정권에 들어서게 만들어 그 생활을 영위하고 살며 주변에 사람들도 많이 모인다.

 # 의협심 개방적 독립심 경쟁적

병술 丙戌
붉은개

창의적이고 화끈한 성격으로 타인의 주목을 받는다

양의 기운으로 적극적이고 긍정적이며 기본적으로 남을 돕고자 하는 마음이 있다. 또 타인의 주목을 끌어들이는 매력이 있으며 밝고 창의적이고 화끈하다. 어떤 면에서는 즉흥적이고 자기 위주로 산다고도 할 수 있다.

어떤 일을 대할 때 되도록 마음을 진정시키고 차분하게 진행해야 순간적으로 발끈해서 화를 불러올 수 있는 고통과 시련을 피할 수 있다. 성격이 다소 급하므로 일을 성급하게 하면 더 꼬이니 우선 흥분하지 말고 침착하게 자제하는 마음을 가지도록 노력해야 한다. 자신의 생각을 밖으로 드러내어 움직이기 전에 한번 더 고심하여 내실을 기하고 실속을 차리는 방향으로 움직이면 좋다.

유혹적 매력적 의지 정직

병신 丙申
붉은원숭이

매사 솔선수범하며 재능이 많아 분주한 생활을 한다

정열적이고 지도자, 혁신가의 기질을 가지고 있다. 타인을 지배하려고 하는 마음도 있다. 보통 재주가 많아 다양한 활동을 하며 인간관계가 넓다. 한마디로 재능이 많은 스타일이다. 남의 어려운 처지를 안타깝게 여기지만, 그렇다고 자신이 큰 손해를 감수하며 돕고자 하지는 않는다. 다른 사람과의 일에서는 솔선수범하고 함께 해결해 나가려고 한다.

두뇌가 명석하지만 항상 분주하여 침착함이 필요하고, 솔직하지만 구설이 함께하므로 주의해야 한다. 성격이 급한 편으로, 어떤 일을 할 때 빠르게 시작하고 결과가 바로 나오지 않으면 포기도 빠르다. 한편으론 의협심이 있고 감정표현을 잘하고 솔직하여 상대에게 곧잘 입바른 소리를 하는 직선적인 성격이기도 하다.

#솔직 경쟁심 질투심 창조성

병오 丙午
붉은말

무언가 도전하고 성취하려는 기운이 매우 강하다

기운이 왕성하고 개성이 강하며 다소 독선적인 면이 있고 남에게 잔소리를 듣거나 간섭받는 것을 유독 싫어하는 유형이다. 하지만 정작 자신은 남 위에 있기를 원하기도 한다. 성격이 밝고, 도전하고 성취하려는 기운은 하나의 매력으로 많은 사람이 따르나 그 에너지의 파동이 너무 커서 고통스러운 순간을 맞기도 한다. 하지만 이를 혼자 견디며 한 분야의 최고가 될 수 있는 자리에 오르는 경우가 종종 있다. 그 과정에서의 변화와 굴곡의 시련은 오롯이 자신의 몫이지만 그 시간 속에서 돈과 건강을 잃지 않도록 조심해야 한다.

주변 사람들에게 자신이 초라하게 비추어지는 것을 아주 싫어해 허영과 허세를 보이는 경우도 있다.

#화려 의지력 다혈질 변덕

병진 丙辰
붉은용

한 가지 일에 파고들어서 승부를 내고마는 성격이다

큰 꿈을 향해 총명하게 일을 추진하며 도전하고 성취할 수 있는 기질을 가지고 있다. 똑똑하고 머리 회전이 좋으며 성실하다. 그리고 매사 침착하며 하는 일에 끈기가 있다. 일도 사람도 분석하고 한 가지 일에 파고들어서 승부를 내는 타입이다.

하지만 성격이 다소 까다로운 부분이 있어 옆에서 맞춰주기는 쉽지 않다. 또 사교성은 조금 부족하여 타인과의 친근감은 약하다. 반면에 의리가 있는 편이어서 보완이 된다고 할 수 있다. 어떤 순간에는 고독에 빠지는 면도 있고 기획을 하는 일이나 참모 또는 개인사업에서 능력을 발휘해 자유롭게 일을 하며 성공하는 경우가 많다.

 # 정의로움 경쟁적 지배욕 질투심

정丁

모든 것을 태워 없애는 소멸과 생산을 의미한다

작은불로 비유될 수 있으며 빛을 발하여 모두 밝히는 태양이 아니라 작은 불인 등불과 촛불이다. 또 나무를 불태워 재로 만드는 불이고 심지를 통해 살아 오르니 그 형체가 분명하다. 작은불은 바람에 약하지만, 밤을 밝힐 수 있고 겨울을 따뜻하게 할 수 있다. 축소지향적이며 태워서 소멸시키고 정적이며 조용하다. 타오르는 불 또는 뜨거운 불을 의미하며 모든 것을 태워 없애는 소멸의 의미와 쓸모있는 물건을 만들어내는 생산의 의미가 들어 있다. 작은불의 힘이 커지면 용광로나 화로와 같고 힘이 작아지면 하늘의 별과 같고 촛불과 같다. 또 기도의 의미가 있으며 인자하고 자상함과 같은 덕목, 그리고 냉철하고도 비판적인 뜻도 포함하고 있다.

방향은 남쪽, 계절은 여름, 색은 붉은색이다. 뜨거움과 쓴맛, 예의 바름을 뜻하며, 작고 단단한 것, 횃불 같은 것을 상징한다. 모닥불이나 촛불이며 분홍색의 기운으로 태어났다.

붉은돼지
정해

붉은소
정축

붉은토끼
정묘

시時	일日	월月	연年
	정丁		

붉은뱀
정사

붉은양
정미

붉은닭
정유

정묘 丁卯
붉은토끼

은근히 자신을 드러내며 보이지 않는 세상에 관심이 많다

성격이 조용하고 온순하고 원칙적이며 깔끔한 것을 좋아한다. 어찌 보면 대인관계가 넓지 못한 편이다. 하지만 은근히 자신을 남 앞에 드러내려고 하며 다른 사람과 비교를 많이 하므로 마음속에 저절로 질투심이 생기게 된다. 그러면서 의심도 많아 타인을 잘 믿지 못하는 성향을 보인다.

한편으론 이상적인 것을 추구하고 또 보이지 않는 세상에 대한 호기심이 많아 신비한 것과 공상을 좋아한다. 직업적인 면에 있어서는 정신적인 분야와 교육, 종교 또는 예술이 적성에 잘 맞는 편이므로 그 분야에서 성공할 가능성이 높다.

#과시 장난기 다정다감 직관

정축 丁丑
붉은소

인간적이고 정이 많으며 내 사람과 남의 구분이 명확하다

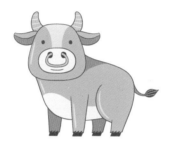

　인간미가 있고 온화하며 봉사정신이 있어 남의 어려움을 지나치지 않고 나서주어 주변 사람들의 신임을 얻는다. 타인과의 갈등을 싫어하고 사람을 좋아하기는 하지만 인간관계의 폭은 넓은 편이 못 된다. 내 사람과 남의 구분이 명확한 편으로 자기가 좋아하고 존중할 만한 부분이 있거나 정신적인 영감 또는 자극을 받을 수 있는 사람을 만나는 것을 좋아한다.

　사랑을 베풀고 사는 만큼 배신에 대한 원망도 남달리 크기 때문에 한번 관계가 틀어지면 회복하기 어렵다. 겉에서 보면 부드러워 보이지만 내면은 상당히 강한 사람이므로 지배하려고 하면 반발하는 면이 있다. 천천히 하지만 끈기 있게 자신의 길을 묵묵히 완성해 나간다.

 # 권력 명예 자제력 우월감

정해 丁亥
붉은돼지

타인의 인정을 중요시하며 무엇이든 무리하게 하지 않는다

　성격이 용맹스럽고 낙천적이며 자신의 내적인 능력을 믿어 새로운 환경이나 미지의 세계를 두려워하지 않는다. 매사 조심해서 일을 진행하며 남에게 인정받기를 좋아한다. 직장에서도 능력을 인정받고 사업을 해도 남들이 보기에 괜찮은 단계까지 올라가는 것을 중요하게 여긴다. 어떤 곳에 소속되어 있는 안정된 상태를 편안하게 받아들이므로 무엇이든 무리하게 하려고 하지 않는다.

　하지만 꾸준하게 하는 힘이 다소 약하므로 도리어 끝까지 하지 못하는, 그런 일이 반복되는 결과로 인해 예기치 않은 변화가 생기기도 하니 유의해야 한다. 여자의 경우 대체로 아름다움이 있으며 남들도 인정해줄 만한 괜찮은 남자를 원하는 경향이 강하다.

 # 호의 영웅심 결심 낙천적

정유 丁酉
붉은닭

자신만의 신념과 원칙을 기준으로 살아가는 타입이다

도덕심이 강하고 윤리적이다. 자신만의 신념과 원칙으로 성공을 추구한다. 자유롭고 자주적인 성향이 강해 모든 일에 있어 자기 스타일대로 결정하고 추진한다. 그러면서도 다른 사람을 먼저 생각하는 배려심도 가지고 있다.

남녀 모두 용모가 단정하고 수려한 경우가 많으며 보통 경제적으로 여유를 누리고자 한다. 미적 감각과 디자인 감각도 있으며 연예인의 기질도 가지고 있다고 볼 수 있다.

다소 감정적이고 예민한 면이 있다. 또 성격이 급해 빠른 결과를 원하니 그로 인한 실수를 조심해야 하고 과시, 사치, 허영을 경계하는 것이 좋다.

 # 감정적 독립적 지도력 도덕의식

정미 丁未
붉은양

꾸준하게 자신의 강점을 키우며 전문가 성향이 있다

기본적으로 파고들어 분석하고 연구하는 기질을 가지고 있다. 따라서 특정한 분야에서 전문가 소리를 듣는 사람이 많다고 할 수 있다. 이렇게 꾸준하게 자신의 강점을 키워나가며 자신의 직관을 따르고 주도적으로 일을 한다. 또 일을 추진하는 능력도 탁월하고 문제해결 능력도 좋은 편이다. 성격이 활달하여 사람들과 잘 어울리지만, 남에게 도움받는 것은 원하지 않는다.

다소 까다롭고 집착이 있는 편이니 이를 너그럽고 온화하게 고쳐 나가면 좋다. 또 성격이 급하고 사람을 잘 믿는 성격으로 인해 돈이 느닷없이 사라지는 경우가 있으니 이런 실수를 줄여나가는 것이 중요하다.

#용기 주도적 솔직 이상적

정사 丁巳
붉은뱀

부드러운 듯하지만 자아가 강하며 승부욕도 있다

성격이 조용하고 부지런하다. 하지만 경쟁 관계에서는 승부욕을 가지고 이기고자 하는 마음이 강해진다. 또 돈에 대한 욕심도 많기 때문에 열심히 사는 스타일이다. 자존심이 강한 면도 있어 스스로 자기 인생을 개척해 나간다. 흔히 자아가 강해 자기 주도적, 독단적으로 일을 진행하므로 남 밑에서 일하는 것이 어렵다고 할 수 있다.

밝고 솔직한 성격으로 사람 사이에서 인정을 받는다. 겉으로는 부드럽고 다정다감한 듯 보이지만 강한 자아와 예민하고 급한 성격, 때로는 강한 승부욕과 시기심으로 인해 인간관계에서 곤란을 겪기도 하니 마음을 잘 다스리고 성숙해질 수 있도록 노력이 필요하다.

 # 열정 노련함 자신감 향상심

결실을 맺게 하는 순환적인 역할을 의미한다

넓은땅을 나타내며 모든 오행의 기본이다. 또한 거칠며 중후하고 강하여 모든 것을 막아내고 정지시키며 발생하고 내보낸다. 그 성품은 덕이 많고 자애로우며 태산과 같은 믿음을 준다. 나무와 불, 바위쇠, 물이라는 오행을 순환시켜 준다. 넓은땅의 임무는 나무를 비롯한 모든 생물에 충분한 자양을 공급하여 결실을 맺게 하는 것이다. 봄에는 희망과 포부를 가지고 만물을 잉태하고 여름에는 활발하게 나무를 키우고 장마로 넘치는 강물을 막아내며 가을에는 결실을 보고 휴식을 취한다. 겨울에는 찬바람을 막아 따뜻한 기운을 지켜 준다. 크고 높으며 움직이지 않는 산이므로 믿음이 있으며 모든 생물을 잉태하고 생육하는 어머니와 같다. 산이고 그중 큰 산이다. 방향으로 보아서는 중앙이며 또한 동서남북을 모두 가리킨다. 계절로도 역시 봄, 여름, 가을, 겨울 사계절 모두를 상징하며 색은 황금, 노란색이다. 맛은 단맛이며 성질은 믿음이다.

황금쥐
무자

황금호랑이
무인

황금용
무진

황금말
무오

황금원숭이
무신

황금개
무술

시時	일日	월	연年
	무 戊		

무진 戊辰
황금용

자기 자신에 대한 믿음이 남다르며 소유욕이 강하다

거대하게 우뚝 솟아있는 산의 모습으로 홀로 당당할 수 있는 자신에 대한 믿음이 강하다. 그러면서 세심하고 합리적이며 책임감이 강하다. 말이 적고 침착하며 표현을 하지 않아 속을 잘 알 수 없다. 흔히 소통에 별다른 관심이 없으니 가족이나 가까운 이들과의 대화에 힘쓰도록 의식적으로 노력해야 한다. 대중 속에서 고독감을 곧잘 느낀다고도 할 수 있다.

자존심이 강하고 돈에 대한 욕심과 집착뿐 아니라 자기 것에 대한 소유욕도 강한 편이다. 무시를 당했다고 생각하면 발끈하며 이런 점에 집착하여 인간관계에서 유연하지 못한 면이 드러날 수 있으니 타인에 대해 조금 더 너그러운 자세를 가지는 것이 좋다.

\# 실무적 심사숙고 당당함 집착

무인 戊寅
황금호랑이

실속보다 명예를 중요하게 여기는, 그릇이 큰 타입이다

큰 산에서 자라난 큰 나무의 모습으로 명예를 중요하게 생각한다. 매사 잘 참지만 반대로 내면에 상처가 많은 편이다. 대인배의 모습과 사소한 것에 충돌을 일으키는 다소 욱하거나 폭력적인 양면이 공존한다고 볼 수 있다. 그래서 다혈질로 보이기도 하지만 자신의 내면과 끊임없이 대화하면서 절제된 인생을 살기 위해 노력하는 스타일이다.

내면의 스트레스를 잘 풀어야 하며 무조건 참고 배려하는 것이 능사는 아니라는 것을 이해해야 한다. 기억력이 남달리 좋고 경제적인 실속만을 추구하기보다는 큰 명분을 갖는 일에 몰두하는 그릇이 큰 사람이다.

#책임감 조용 성숙함 유용성

무자 戊子
황금쥐

인생에 대한 욕심과 집념이 있어 생활력이 야무지다

　기본적으로 욕심이 많아 그만큼 부지런하고 활동적이며 바르게 생활하려고 노력한다. 그래서 꼼꼼하고 치밀하며 알뜰해 저축을 잘한다. 작은돈도 허투루 쓰지 않으며 돈 관리에 탁월한 면을 보인다. 욕망이 강하므로 평범한 것에는 만족을 못 한다. 내 것과 남의 것에 대한 구분이 확실하며 소유욕도 강한 편이다.

　다소 냉정한 면이 있고 돈과 성공에 대한 욕심과 집념이 강하므로 생활력이 월등하고 야무지지만, 그 욕심으로 인해 다른 사람에게 인색할 수 있다. 다른 사람들의 입장을 고려하고 타인을 의심하는 성격을 조금 고칠 수 있다면 인생이 더욱 풍요로워질 수 있다.

조숙 현실주의 인색 욕심

무술 戊戌
황금개

한번 믿으면 끝까지 믿어주는 절대적인 신뢰를 지녔다

자기주장과 자존심이 강하고 자주적이다. 그래서 자기 스스로 일을 진행하려고 한다. 또 안목이 높아서 웬만한 것은 성에 차지 않는다. 하지만 한번 믿기가 어렵지, 한번 믿으면 끝까지 믿어주는 절대적인 신뢰를 보여준다. 사람이 무뚝뚝한 면이 있기는 하나 순수하다. 남에게 지기 싫어하는 승부욕이 있고 대우와 존중을 받고 싶어 한다. 소유욕도 강한 편으로 저축하여 돈을 모아가며 발전한다. 돈과 명예에 부족함은 없으나 사치에 돈이 샐 수 있으며 남녀 모두 부부의 인연은 다소 약한 편이다.

무술, 경진, 경술, 임진 일주는 괴강일주라고 하여 재주는 뛰어나나 충돌이 많아 명예와 재물을 크게 얻고 잃는 부침이 심하니 시기에 맞는 용기와 신중함이 필요하다.

#효율적 좋은목적 직선적 개인주의

무신 戊申
황금원숭이

정직하게 탐구하는 것을 즐기며 남들에게 베풀며 산다

　사람이 평온하고 믿을만하며 타인에게 베푸는 것을 좋아한다. 이렇게 베풀어도 정신적으로 물질적으로 자신과 가족들에게 넉넉함을 줄 수 있는 풍요로움을 지니고자 노력한다. 또 관심 분야가 생기면 연구하고 파고들어 탐구하기 시작한다. 정직하고 직선적이며 노는 것에 크게 관심이 없는 유형이다. 그리고 그것을 잘 배워나가 한 분야에서 독창적인 사업을 하거나 자신의 일을 자주적으로 성취하는 경우가 많다.

　일이나 인간관계에서 스트레스를 잘 해소할 수 있는 습관을 만들어야 건강을 해치지 않게 된다는 것을 기억하자.

냉정 침착 평온 양심적

무오 戊午
황금말

쾌활한 사람으로 일을 추진하고 성공시키는 힘이 있다

마음이 잘 변하는 면은 있으나 자신의 목적을 향해 추진력을 가지고 밀고 나가는 힘이 있으므로 사회적으로 성공할 가능성이 높다. 기본적으로 쾌활한 사람이다. 겉으로는 의연해 보이지만 생각이 너무 많고 마음에 불안감이 있어 내면이 복잡하다. 그리고 다소 융통성이 없으며 올곧고 고집이 센 면도 있다.

자존심이 너무 강하여 자칫 주변에 사람이 적어질 수 있고 이로 인해 외로움을 많이 느낄 수 있다. 더 나아가 사람과의 관계, 특히 부부의 인연에 정착하는 힘이 다소 약하므로 배우자를 선택할 때는 신중해야 한다.

이론적 욕심 변덕 쾌활

기己

만물을 수용하고 생육하는 자비로움을 지녔다

촉촉한땅으로 표현되며 사람이 딛고 사는 땅이다. 또 농작물과 채소를 심는 농토이다. 나무를 비롯한 만물을 생육할 수 있도록 하는 것은 넓은땅과 비슷하나 여리고 약하며 작고 매우 정적이므로 적극적이지 못하고 소극적인 양육을 한다. 촉촉한땅은 만물을 수용하고 자양하는 자비로움을 지녔으므로 자신에게 뿌리를 내리면서 극하는 나무를 사랑하고 포용하며 길러내는 것이다. 넓은땅은 건조하고 뜨거우나 촉촉한땅은 물기를 머금고 있고 차고 부드러운 흙이다. 사람과 가장 가까이서 접하고 있으니 택지와 같아 모든 것이 촉촉한땅에 의존해야 존재가 가능하다. 봄과 여름에는 소용이 많고 칭찬을 받지만 가을과 겨울에는 다소 쓰임이 없다.

방향과 계절, 색, 맛, 성질은 넓은땅과 같이 각각 중앙, 사계절, 노란색, 단맛, 믿음을 상징하며 결집력이 약한 집단이다.

황금소
기축

황금토끼
기묘

황금뱀
기사

시時	일日	월	연年
	기 己		

황금양
기미

황금닭
기유

황금돼지
기해

기사 己巳

황금뱀

동정심이 많으며 주변 사람들로부터 신뢰를 얻는다

　기본적으로 성격이 성실하고 겸손하며 인정받고 사는 것을 좋아하여 주변 사람들에게 신뢰를 얻는다. 따라서 가정을 꾸리면 안정적으로 이끌어가는 스타일이라 할 수 있다. 다만 정이 많고 따뜻하나 결단력은 다소 약한 편에 속한다. 의외로 혼자 있는 것을 좋아하고 사람을 가리므로 타인과 쉽게 사귀지 못하여 외로운 면이 있다.

　다른 사람에 대한 동정심은 많지만, 주변과 마찰이 곧잘 생기는 편이니 그럴 때는 남에게 양보하는 넓은 마음을 가지도록 노력해보자. 직업적으로는 독립적인 자기 사업이나 장사도 적성에 맞는다고 볼 수 있다.

#품위 매혹적 침착 우정

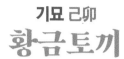

기묘 己卯
황금토끼

매사 진지하게 정성을 다하며 사람을 가려 사귄다

사람이 선하고 조용하며 다소 폐쇄적인 면이 있으나 성실하고 진지하며 매사 정성을 다한다. 자신이 존경할 수 있는 부분이 있을 때 그 사람을 좋아하므로 사람을 가려서 사귄다고 볼 수 있다. 특히 명분과 가치가 있다고 생각되는 일에 관심을 갖는다. 하지만 마음이 약한 편이며 바쁘고 부지런히 사는 것에 비해서 매듭과 마무리가 잘 안 되는 경향이 있다. 그러므로 비록 그 성과는 상대적으로 작을 수 있으나 끝까지 가서 결론을 내고 실리를 찾아야 한다.

운이 약할 때 다른 사람보다 소송, 구설, 시비, 남녀문제 등 여러 가지 사건 사고가 연이어 일어나는 경우가 있다. 그렇게 일이 잘 안 풀린다고 느낄 때는 각별히 주의하는 게 좋다.

#심사숙고 #합리적 #현실적

기축 己丑
황금소

사람 곁에서 조용하게 도움을 주는 능력이 있다

　자신의 일을 착실하고 묵묵하게 진행해 나가는 성격이다. 말주변이 약하고 낯을 가려 인간관계에서는 타인과 거리를 두는 편이다. 또 적극적으로 나서지는 않으나 옆에서 차분하게 도움을 주는 일에 능숙하다. 그만큼 순수함과 봉사정신을 가지고 있다고 할 수 있다.

　다만 이렇게 순진하고 착하지만 은근하게 자기주장이 강하여 고집을 꺾기 어렵다. 그 고집을 누르려고 하는 관계를 형성하게 되면 오히려 상대를 꺾으려고 한다. 이런 상황에 처했을 때는 자신의 생각만 주장하지 말고 다른 사람과의 관계에서 조금 유연한 사고방식을 가지는 것이 필요하다.

\#충실 끈기 봉사정신

기해 己亥
황금돼지

차분함 속에 강한 의지와 신의를 지닌 실속파이다

　겉으로는 평온하나 그 속은 생각도 많고 바쁘다. 매사 부지런하고 현실적으로 생각하여 실속을 챙긴다. 자신을 드러내는 일을 좋아하지 않으며 자신과 타인의 비밀을 지키는 것과 신의를 중요하게 생각한다. 보통 친해지기가 쉽지 않고 아는 사람은 많을 수 있으나 실제로 깊이가 있게 마음을 주고받으며 자주 보는 사람도 잘 없는 편이다. 의지력이 강하여 다른 사람의 어려움이나 무거운 짐을 떠맡는 사려깊음과 믿음직스러움을 가지고 있다.

　완벽주의적인 기질이 있고 소유욕도 강하며 고난에 처해도 다시 일어나는 힘이 있다. 차분하게 자신의 길을 가서 종국에는 돈과 명예를 거머쥔다. 순정이 있고 남을 잘 믿으며 인정을 베푸니 타인에게 속지 않도록 주의해야 한다.

평화 생산적 계획적 의지력

기유 己酉
황금닭

명예에 대한 열망이 강한 학구적인 스타일이다

성격이 고지식하고 고집은 있는 편이나 정직하고 사심이 없어 순수한 면이 있다. 온순하고 마음이 여리며 신경이 예민하여 때론 날카로운 반응을 보이기도 한다. 다른 사람과 협업하는 것을 힘들어하는 면이 있다. 또 자기만의 기준이 강해 인간관계에서 소극적인 마찰이 생길 수 있다. 공부를 잘하는 사람이 많고 돈에 대한 욕심보다는 자신의 실력을 인정받고자 하는 명예와 명분에 대한 열망이 강하다. 학구적이고 분석적이며 탐구적으로 자신만의 지식을 쌓아나간다.

여자는 좋은 남자를 만나는 경우가 많으나 자녀가 생기면 보통 남편은 뒷전이 되기 쉬우므로 부부 사이에 더 신경을 쓰는 게 좋다.

#비평적 성숙 교육적 선교사

기미 己未
황금양

자신에게 엄격하며 서로 존중하는 관계를 지향한다

　사람이 진실하여 거짓이 없고 성격이 부드럽다. 또 기본적으로 보수적이며 자신에게는 엄격하게 대하여 꼼꼼하고 착실하다. 순해 보이는 겉모습과는 달리 고집이 있고 자존심이 강하다. 그러면서 자신의 감정을 숨기는 면이 있다. 인내심과 봉사정신을 타고났으며 남의 일에 의견을 내거나 조언하는 것을 좋아하는 편이다.

　배우고 가르치는 쪽과 인연이 있어 사람들을 올바르게 인도하는 일에 탁월함을 드러낸다. 또 사업을 하게 되면 존중받을 수 있는 높은 위치까지 올라가는 경우가 많다. 다른 사람에게 존중받고자 하고 서로 존중하는 관계를 지향해 나간다.

낙천적 가정적 독립적 책임감

겉은 차갑고 투박한 반면 속은 따뜻하고 열정적이다

커다란 바윗돌과 무쇳덩어리가 있는데 이것이 단단한바위의 기운이다. 무쇳덩어리인데 특히 인간의 손이 미치지 않고 불의 기운을 받지 않은 가공되지 않은 무쇠이다. 따라서 굳고 단단하며 강하기로는 단단한바위를 따를 자가 없고 차고 냉정하며 고집스러움에도 역시 단단한바위의 기운을 따를 자가 없다. 그러나 겉보기에 냉정하고 우둔하지만, 그 속에는 뜨거운 열을 감추고 있어 용감하고 다정하며 열정적이다. 미완성의 바위쇠라서 언제나 뜨거운 불을 받아 세련되고 정제되며 쓸모있는 바위쇠가 되기를 강렬하게 원하며 그 모양은 못생기고 다소 투박하다. 단단한바위는 거대한 바위이므로 맑고 푸른 물을 만들어낸다. 차고 냉정하며 원광석이다.

암석, 돌, 철광석, 씨앗의 표피, 피부 등을 나타내며 강하고 사나운 것을 의미한다. 방향은 서쪽, 계절은 가을, 색은 흰색, 맛은 매운맛이며, 성질은 의롭다.

흰호랑이
경인

흰용
경진

흰말
경오

시時	일日	월月	연年
	경 庚		

흰원숭이
경신

흰개
경술

흰쥐
경자

경오 庚午
흰말

규율과 정해진 것들을 지켜나가는 것에 관심을 가진다

　보통 법률이나 규칙을 잘 지키며 명예욕이 강하다. 조직적인 생활에 적합하며 정해진 규율도 잘 지키므로 상식적이고 예측 가능한 성격이라 할 수 있다. 보수적인 부분이 있어 사업보다는 기업이나 공무원조직이 더 어울린다. 또 기존의 것을 부수어 다시 새롭게 만드는 일보다는 정해진 것을 지켜나가는 것에 관심을 가진다.

　대인관계에서 자존심이 상하면 마음을 닫는 경향이 있는 것은 그만큼 타인에게 인정받고자 하는 욕구가 강하기 때문이라 할 수 있다. 다만 자존심과 주관이 강하며 새로운 것에 호기심이 많고 마음도 변덕스러운 면이 있으므로 이성관계에서는 보다 신중한 판단을 하는 것이 좋다.

#담력 매력적 통찰력 생산적

경진 庚辰
흰용

쾌활, 성실한 사람이며 때론 비판적인 자세를 보인다

의지가 강하며 정직하고 성실한 것이 장점이다. 성격이 쾌활하고 솔직하며 감정이 풍부하지만 고집과 비판적인 면도 함께 가지고 있다. 또 남의 어려움을 돕거나 억울함을 풀어주기 위하여 자신을 희생하려는 의로운 마음을 가지고 있으며 신의를 중요하게 생각한다. 강직하고 의리가 있으므로 불의를 보면 참지 못하고 다투려고 한다. 이렇게 정의로운 면이 있지만 성공과 소유에 대한 욕망과 집착이 더욱 강하여 일을 할 때는 다소 매정한 부분이 있다.

무술, 경진, 경술, 임진 일주는 괴강일주라고 하여 재주는 뛰어나나 충돌이 많아 명예와 재물을 크게 얻고 잃는 부침이 심하니 시기에 맞는 용기와 신중함이 필요하다.

#솔직 감정풍부 고집 비판적

경인 庚寅
흰호랑이

도전과 성취욕이 강하며 평범한 것에 만족하지 않는다

평상시 사람들과의 관계가 좋지만 때로는 은둔하려는 성향도 있어서 혼자 다니는 것을 좋아한다. 특히 지배하고자 하는 욕구가 강하고 이상과 욕망이 보통 이상으로 센 편으로 도전과 성취욕이 있다. 바르고 긍정적이나 성격이 급해 타인과 충돌이 있을 수 있다.

돈에 대해서도 계획적이고 안정적인 것을 좋아하기보다는 단박에 남들 보란 듯이 일어서려고 하니 다소 투기적인 면도 있으므로 경제적인 기복이 있을 수 있다. 또 평범한 것에 만족하지 못한다. 큰돈을 벌 수 있지만, 연속적으로 성공하기 어렵고 지키는 힘이 약하니 잘 묶어두고 관리해야 한다.

열정적 개성 자기중심적 허세

경자 庚子
흰쥐

의리와 명예를 중요하게 생각하며 대기만성 타입이다

대체로 사람이 정직하고 변함이 없으며 의리가 있다. 정의로운 편으로 불합리한 것을 잘 견디지 못한다. 또 남을 도우려고 하는 따뜻한 마음과 희생정신을 가지고 있어 남에게 베푸는 것을 좋아하고 돈보다는 명예와 의리를 중요하게 생각한다. 무엇보다 대기만성大器晩成형 사람들이 많다.

자기의 감정이나 마음을 잘 표현할 줄 안다. 그래서 사람들과 대화하는 것을 즐긴다. 하지만 상대가 자신의 기준에 어긋나는 행동을 하면 참지 못하고 자기주장도 강하여 뜻에 어긋나면 화를 참지 못하고 표출한다. 이럴 때 자신의 화를 다스릴 줄 아는 지혜가 필요하다.

 # 이상주의 활기참 감정풍부

경술 庚戌
흰개

확고한 자기 생각이 있어 변화에 주저하지 않는다

자기 확신이 강한 편이므로 남의 지시에 쉽사리 무조건적으로 움직이지 않는다. 의리에 살고 의리에 죽는 면이 있어 사람을 배신하지 않는다. 또 보수적이고 용기 있게 행동하는 성격이다. 열성적으로 변화를 즐기며 새로운 것에 도전하려는 에너지가 강하다. 그러한 변화가 골치 아픈 사건 사고가 되지 않도록 잘 관리하는 것이 좋다. 여자는 성격이 다소 억세다는 소리를 듣는 경우가 많다.

무술, 경진, 경술, 임진 일주는 괴강일주라고 하여 재주는 뛰어나나 충돌이 많아 명예와 재물을 크게 얻고 잃는 부침이 심하니 시기에 맞는 용기와 신중함이 필요하다.

 # 자기확신 의리 용기

경신 庚申
흰원숭이

내면이 강직하며 자기 기준에 따라 말과 행동을 한다

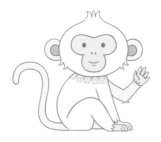

마음이 꼿꼿하고 곧으며 자신의 의지와 원칙대로 독립적으로 행동한다. 한마디로 강직하다. 비굴함을 싫어하고 의리가 있으며 약자를 도와 주변으로부터 인정을 받지만 까칠하고 자아가 강해 사람들과 잘 어울리는 조화를 찾기 위해 노력해야 한다. 내면이 강하여 완강한 성격으로 군, 검, 경찰이나 그 분야와 관련된 일이나 이와 유사한 일이 어울린다. 이밖에도 자신이 리더나 주인이 되는 일에서 실력을 발휘한다.

같은 말을 해도 남들보다 무뚝뚝하고 세게 들리므로 말조심을 하는 것이 좋다. 자신의 기준으로 말과 행동을 하는 면이 강하고 그 기준으로 타인에게 잣대를 들이대는 경향이 있으므로 지나치지 않도록 유의하자.

 # 호전적 현실적 재물욕 출세지향

신 辛

가공된 것으로 인위적인 아름다움이며 값지다

날카로운금속, 보석으로 비유되며 무쇠와 바윗돌을 다듬어 만들어진 기운이다. 차고 강하며 희고, 단단한바위를 다듬고 녹여 만든 것이 날카로운금속이다. 이는 원석을 갈고 다듬어 만든 보석이며 무쇳덩어리를 녹여 만든 구슬이며 자갈이고 유리알이다. 또 예리한 바늘이고 칼이며 정밀한 기계여서 황금과 같이 빛을 발한다. 그러므로 날카로운금속은 오행 중에서 자신이 가장 잘났다고 생각하며 값지고 소중한 것으로 대접받고 싶어 한다. 그 성격은 세밀하고 까다롭다. 따라서 날카로운금속은 깨끗하게 닦고 녹슬지 않게 하여야 한다.

인간 생활에 필요한 여러 가지 도구나 기계를 의미하며 보석 등의 장식품 또는 값진 물건에 비유될 수 있다. 특히 쇠를 녹여 만든 물건이므로 작은 돌과 같다. 방향은 서쪽, 계절은 가을, 색은 흰색, 맛은 맵고 성품은 냉정하며 의로움을 안다.

신미
**흰
양**

신사
**흰
뱀**

신묘
**흰
토
끼**

시時	일日	월	연年
	신 辛		

신축
**흰
소**

신해
**흰
돼
지**

신유
**흰
닭**

신미 辛未
흰양

자기 자신을 굳게 믿으며 매사 예민한 스타일이다

자신을 굳게 신뢰하고 자신의 재능을 믿는다. 기본적인 의식주의 복을 가지고 태어났다고 볼 수 있다. 실제로 가정적, 금전적으로 안정을 원한다. 타인에 대해 의심이 많고 까다롭고 까칠하며 예민한 기질이 있다. 그러니 다른 사람들의 말과 행동이 잘 이해되지 않고 마음속에서 답답함과 짜증을 느끼기 쉽다.

남을 칭찬하는 데에 인색하다고 볼 수 있다. 인정은 있지만, 한순간에 냉정하게 바뀌어 주변에 사람이 잘 없는 편이다. 그러니 남의 도움 없이 자립적으로 성취해야 하는 일이 많다. 사람과의 관계에서 날카롭게 대하는 면을 스스로 인지하고 이를 잘 다스리면 인생이 더욱 윤택해질 수 있다.

 # 안정지향 자기신념 소유욕 방어적

신사 辛巳
흰뱀

이지적으로 기회를 잡고 합리적으로 판단한다

  기회를 찾아내는 날카로운 눈을 가지고 있고 이지적이며 강한 의지력을 지니고 있다. 품위를 지키는 삶을 추구하나 고집이 센 편으로 구설과 시비에 자주 시달린다. 예술적인 기질을 가지고 있으며 은근히 자신을 돋보이려고 하는 모습을 보이기도 한다. 매사 무리하지 않고 합리적으로 일을 처리한다.

  기본적으로 권력이나 명예를 가질 수 있는 일에서 만족감을 느끼며 타인의 시선을 의식하는 면이 많은 만큼 각종 논쟁에 휘말리기도 쉽다는 것을 기억하자. 한편으론 다른 사람을 도울 수 있는 일에서 뛰어난 실력을 발휘하기도 한다.

 # 계산 자부심 영향력 시기심

흰토끼

깔끔하고 단정한 이미지로 큰 야망을 지녔다

　자신의 야망이 크고 기본적으로 작은 것에 만족을 못 하며 맺고 끊음이 분명한 성격이다. 사람이 깔끔하고 단정한 이미지가 있다. 또 감수성이 섬세하고 예술적 감각도 있는 편이며 자존심도 강하다고 볼 수 있다. 가정이나 일에 있어서 변동이 많으므로 안정감이 다소 약할 수 있다. 기본적으로 조심성이 많아 과감하지는 못하지만 꾸준하게 자기의 영역을 만들고 확장해 나간다.

　다소 성격이 급하고 예민하여 스스로 불안하게 만들므로 이 점을 잘 알고 고치려고 노력해야 좋은 결과를 기대할 수 있다.

비타협적 자기신념 냉철 논리적

신축 辛丑
흰소

처세술이 뛰어나며 때론 성깔을 부리기도 한다

성격이 깨끗한 것을 좋아하고 의심이 많아 신중하다. 착실하나 성깔이 있어 첫인상은 차가운 편에 속한다. 하지만 그 이면에는 의외의 털털함이 있다. 분석을 잘하고 상황파악도 빠르며 지혜가 뛰어난 편으로 처세와 권모술수에 능한 면이 있다. 또 사람과의 관계도 주도적으로 잘 맺는 타입이다.

기본적으로 예민한 데다가 좋고 싫음이 분명하여 다른 사람이 자신의 성질을 건드리면 참지 못하는 성격이기도 하다. 한편으론 인생에 역동성이 많아 삶의 근본과 본질을 알고자 철학에 관심을 가지기도 한다.

의견충돌 단호함 학자취향

신해 辛亥
흰돼지

자신의 멋을 즐기며 명성을 중요하게 생각한다

멋에 대한 감각이 남달리 발달해 있다. 멋을 아는 만큼 자신의 끼를 발산하며 사람들과 잘 어울린다. 또 자신의 멋과 개성을 느끼며 스스로 고독을 즐기기도 한다. 감성이 넘치고 자존심이 강하며 자신의 명성을 중요하게 생각한다. 또 야망을 품고 있으며 자신의 감정을 과격하게 표현하는 면도 있다. 한편으론 차분하고 치밀하게 자신이 계획한 길을 묵묵히 가기도 한다. 발이 넓어 아는 사람은 많지만 친밀한 관계를 맺는 사람은 생각보다 적다.

수완이 좋고 처세에 능하며 다소 정치적인 면도 있다. 적극적이며 활동적이므로 그만큼 활력을 가지고 살아간다. 성격이 예리하고 고민도 많으며 남녀 모두 바람기가 있는 편이다.

감성 야망 과격 활력

신유 辛酉
흰닭

차가운 인상 뒤에 자기 사람을 챙기는 마음이 있다

성격이 직선적이고 말과 행동에 있어 매운 맛이 있으며 승부 근성도 강하다. 지위와 명성에 대한 욕구도 강하다. 매사 부지런하며 자기 사람을 잘 챙긴다. 일이건 사람과의 관계이건 호들갑을 떨지 않고 묵묵하게 자기 길을 가서 영역을 만들고 성취해 나간다. 하지만 차갑고 냉정한 면이 있다. 또 고집이 세며 겉모습이 따뜻해 보이지는 않고 오히려 차갑게 보인다.

탐구적이고 낙천적이며 내면이 훨씬 더 강한 사람이다. 때론 지나치게 합리적이거나 분석적인 면은 사람과의 관계에서 칼 같은 면으로 드러나기도 한다. 타인과의 관계에서 처음에는 낯을 가리지만 그 경계선을 넘어가면 사교성을 느낄 수 있다. 연인에게 정착하는 힘이 다소 약할 수 있다.

 # 현실적 낙천적 분석적 물질적

임 壬

생명을 유지, 성장시켜 나가며 변화를 나타낸다

바윗덩어리에서 물이 나와 강과 바다를 이루니 이것이 큰물이다. 성질이 차고 맑으며 형체가 있으나 수시로 변하여 유동성이 있어 흘러가지만, 반드시 아래로만 흐른다. 살아 있는 모든 만물이 그 생명을 유지하고 성장해 나가는 데 꼭 필요한 것이 큰물이기 때문에 그 스스로가 영양분이 되어 생명을 유지하고 성장시켜 나가는 것을 가장 큰 임무로 생각한다. 큰물은 바다로 흘러들고 그 과정에서 나무를 길러낸다. 산을 만나면 더 이상 흐르지 못하지만 멀리 돌아서 갈 수 있다. 봄의 큰물은 모두가 필요로 하니 환대받을 것이고, 여름에는 열을 식히고 성장을 빠르게 하며 가을에는 그 임무가 끝났으니 쉬고자 한다. 겨울에는 얼어버리고 할 일이 없어 필요 없고 귀찮은 존재다. 더러움을 닦아내는 물, 먹는 물, 음료수, 어류, 액체, 잉크, 땀 등도 상징한다. 방향은 북쪽, 계절은 겨울 또는 추운 계절, 색은 검정, 맛은 짠맛이며 성질은 지혜롭고 총명함을 나타낸다.

검은용
임진

검은말
임오

검은원숭이
임신

시時	일日	월月	연年
	임壬		

검은개
임술

검은쥐
임자

검은호랑이
임인

임신 壬申
검은원숭이

대인관계가 능수능란하며 재치와 임기응변이 강하다

사람이 영리하고 말을 잘하며 어떤 일을 함에 있어 수완이 좋다. 또 자기주장이 강하고 표현력이 좋으며 리더십도 있어 남들 앞에 나서서 추진력 있게 일을 진행해 나간다. 사람과의 관계에 있어 능수능란하게 행동하며 돌발 상황에도 임기응변과 뛰어난 재치로 돌파해 나간다. 협동심은 있지만 계산적인 면도 있다. 어떤 일을 하든지 정확한 목표를 가지고 끈기 있게 끌고 간다. 하지만 그것을 타인에게 드러내지는 않는다.

새로운 것을 늘 추구하며 이에 대한 자신감도 넘치는 편이다. 그러니 이렇게 자신감에 지나치게 쏠리지 않도록 주의만 한다면 안정과 풍요로움에 가까운 인생을 살아갈 수 있다.

#협동심 목적의식 독창적 맹목적

임오 壬午
검은말

뛰어난 말솜씨로 사람을 끌어당기는 매력이 있다

　사람들에게 다정다감해서 인기가 많다. 그러므로 특히 남자는 여자문제를 조심하는 것이 좋다. 말솜씨가 뛰어나고 논리적으로 언어를 끌고 나가는 힘이 있어 매력을 어필한다. 흔히 아나운서나 말로 먹고사는 사람들이 많다고 할 수 있다. 또 머리가 좋고 다방면에 관심이 많으며 이렇게 다양한 분야에서 활동하는 만큼 경제적인 보상도 따르는 편이다. 기본적으로는 자기의 분야에서 압도적인 자리에 오르려고 노력한다.

　남녀 모두 순발력과 재치가 있으나 질투심이 다소 있는 편이다. 또 여자는 활동력이 강해서 사회에 나가 일하는 경우가 많다.

 # 명랑 민첩 사업수완 변화적응력

임진 壬辰
검은용

이상과 자부심이 높으며 속이 깊은 타입이다

재능이 많고 임기응변에 강하며 리더십과 봉사정신을 가지고 있다. 기본적으로 이상이 높고 속이 깊은 사람들이 많다. 그 큰 꿈과 이상을 향해 승부욕과 인내심을 가지고 노력하는 스타일이다.

반면에 주색을 좋아하고 바람기가 있으므로 구설을 조심해야 한다. 남자는 생활력이 강하고 여자는 자신에 대한 자부심이 높아 다른 사람들을 다소 무시하는 경향도 있다.

무술, 경진, 경술, 임진 일주는 괴강일주라고 하여 재주는 뛰어나나 충돌이 많아 명예와 재물을 크게 얻고 잃는 부침이 심하니 시기에 맞는 용기와 신중함이 필요하다.

 # 진취적 화합 타인존중 낙천적

임인 壬寅
검은호랑이

마음이 너그럽고 자기 취향이 뚜렷한 사람이다

자신의 원대한 꿈을 이루기 위해 꾸준하게 노력하는 타입이다. 마음이 너그럽고 낙천적인 기질이 있으며 단순한 것을 좋아하는 편이다.

친화력과 인정이 있어 다른 사람들에게 인기도 있으나 일면에는 은둔적인 성향도 가지고 있다. 또 사람이건 물건이건 자신만의 취향이 뚜렷하다. 성격이 활발하고 적극적이며 강한 마음을 가지고 있어 특히 자신의 일에서 실패하지 않으려고 한다.

대인관계에서는 신의를 중요하게 여기지만 남에게 이용당하기 쉬운 면도 있으니 이를 주의해야 한다.

 # 개방적 객관적 인정 현실적

임자 壬子
검은쥐

바다처럼 넓은 이해심과 깊은 통찰력을 지녔다

　자신의 이익을 고려하여 움직이며 통찰력이 뛰어나다. 한마디로 바다, 큰 호수처럼 이해심이 있고 속이 깊은 성격이다. 그러면서 머리가 좋고 재능이 많으며 개성도 강하다.

　이렇게 능력은 출중하지만, 타인에 대한 포용력은 다소 떨어진다고 볼 수 있다. 그러므로 다른 사람의 의견을 무시하지 말고 귀담아 들어 일방적으로 처리하지 않도록 노력해야 한다.

　보통 남자는 출세에 대한 욕망이 강하고 여자는 고독한 면이 있다. 남녀 모두 역동성이 있어 해외와 관련해서 활동하는 운이 강하다고 할 수 있다.

전통 보수적 이해타산 지적

임술 壬戌
검은개

자신이 주도권을 쥐며 타인의 간섭을 싫어한다

자신의 감정을 잘 통제하는 힘이 있다. 또 직관적이고 말과 행동에 있어 시원시원한 면을 지녔다. 자기 개성과 주장이 강해 어디를 가나 주도권을 잡으려고 하는 경향이 있다. 고집이 있고 자존심도 강하여 자신의 삶을 주체적으로 이끌어가려고 한다.

타인을 존중하고 어려움을 잘 참고 견디는 힘이 있다. 하지만 다른 사람의 구속이나 간섭은 유독 싫어하여 자유롭게 살아가고자 한다. 독립적인 성향이 강하며 자신만의 뚜렷한 주관을 가지고 세상을 헤쳐나가고자 한다.

남녀 모두 발산해야 하는 끼가 많으며 자신의 인연에 정착하는 힘이 다소 약하다.

 # 직관 차분함 매력 변덕

계
癸

정적인 기운과 보답하고자 하는 순정이 강하다

수증기가 생기고 땅으로 내리는 빗물이 옹달샘의 작은물이며, 하늘과 땅을 이어주는 비, 수증기, 안개를 의미한다. 만물은 큰물로 성장할 수 있으나, 옹달샘 작은물은 만물을 키워내기에는 부족하다. 형체에 날카롭거나 뾰족함이 있고 축소지향적이다. 외로움과 슬픔을 의미하기도 한다. 차분하고 침착하고 정적인 기운이 강하다. 깊은 산속 샘물을 마시기 위해 높은 산을 힘겹게 올라온 등산객에게 약수를 제공하듯 자신에게 정성을 다한 사람에게 다 퍼주는 순정이 있다. 한순간에 쏟아져 내려오는 장관을 보여주는 폭포수는 아니지만, 자신이 갈 수 있는 길을 흘러가면서 한결같으니 단기간에 끌리는 매력보다는 오랜 시간을 두고 곁에서 본다면 진면목을 느낄 수 있다.

고독감, 외로움, 슬픔, 폭군, 마지막과 같은 것을 상징한다. 방향은 북쪽, 계절은 겨울, 맛은 짠맛이며 색은 검정이며 성질은 큰물과 같이 총명하고 지혜로움을 나타낸다.

검은뱀
계사

검은양
계미

검은닭
계유

시時	일日	월月	연年
	계 癸		

검은돼지
계해

검은소
계축

검은토끼
계묘

계유 癸酉
검은닭

성격이 예민하고 한번 믿는 사람은 끝까지 간다

　사람이 깔끔하고 예리하며 민감한 느낌을 준다. 독창적인 면이 있으며 문장을 쓰거나 말하는 능력이 있다. 또 자신의 재능이나 가능성에 도움을 줄 수 있는 사람과의 관계를 만드는 데 관심이 있다. 한편 까다롭고 까탈스러운 면이 강하다고 볼 수 있다. 고민이 많으니 신경성 질환을 조심하는 것이 좋다. 겉에서 보기에도 차갑게 보여 쉽게 다가서기가 힘들다. 또 혼자 간직한 비밀도 많고 태도도 소극적인 면이 있다. 한번 믿고 좋으면 상대방을 끝까지 따르지만 한번 틀어지면 영영 관계가 끝나므로 회복이 무척 어려운 타입이다. 평소 너그러운 마음을 가지고 타인의 처지를 헤아려 보는 유연한 자세를 가질 수 있다면 차근차근 자신의 야망을 이뤄나갈 수 있을 것이다.

 # 문화적 언어구사 과학적 효율적

계미 癸未
검은양

안전한 삶을 원하지만 내심 욕심과 야망도 크다

　보통 무모한 일에 도전하는 것을 좋아하지 않고 현실적으로 안정감 있는 삶을 중요하게 생각한다. 성격이 차분하고 유연하지만, 내면에는 욕심과 야망이 숨어있다. 그래서 출세를 하기 위해 다방면으로 노력을 아끼지 않으며 인간관계에서도 자신의 성공을 위해 꾸준하게 움직인다. 실제로 매력적이어서 주위에서 도와주려는 사람이 많아 타인에게 의지할 수 있는 환경이 되기 쉬운 면도 있다.

　남녀 모두 일복이 많은 편이다. 겉모습은 차분하게 보이지만 그 안에는 열정을 크게 가지고 있어 동분서주 바쁘게 역동성을 가지고 살아간다. 대체로 크게 변화하는 것을 두려워한다.

 # 인기 안정지향 온화 의존적

계사 癸巳
검은뱀

타인에게 영향력을 미치며 이재에 밝은 사람이 많다

사람이 평범하고 똑똑하고 착하게 보인다. 그러면서 이재에 밝고 꼼꼼한 면을 지녔다. 자신의 삶을 안정적으로 이끌어가는 것을 원하므로 크게 변동성이 강하거나 위험한 것을 시도하지 않는다. 또 통찰력이 있으며 타인에게 영향력을 넓게 미친다. 재정이나 사람을 다루는 데 능숙한 면이 있어 대부분 큰 실패 없이 의식주 걱정 없이 사는 경우가 많다.

다만 자신에 대한 우월감이 강한 면 때문에 타인을 때로는 무시하여 그로 인하여 오해를 받을 수 있으니 주의하는 것이 좋겠다.

 # 영향력 사업적 물질주의 현실적

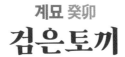

계묘 癸卯
검은토끼

신
辛

자기 생활과 일 사이에 균형을 이루며 살아간다

　기본적으로 순수하고 착하지만 약간 까다로운 면이 있다. 원칙을 중요시하며 정직하지만, 내면에는 타인에 대한 우월감이 있다. 또 자신의 재산을 잘 관리하며 때로는 지나치게 계산적인 일면을 보이기도 한다. 한편으론 결단력이 다소 부족하고 자신의 일상을 희생하면서까지 출세하고자 하는 마음은 별로 없어 일과 자기 생활 또는 가정 사이에 균형을 맞추려고 한다.

　다른 사람들과 협업해서 하는 일보다는 혼자 조용하게 일을 처리하는 것을 더 선호한다. 묵묵히 자신의 길을 간다. 예민한 성격으로 좋아하는 사람만 유독 더 좋아하는 경향이 강하다.

 # 명상 매혹적 주관적

계축 癸丑
검은소

세상 속에서 원만하고 평화롭게 지내기를 바란다

성격이 자상하고 사려가 깊어 남들과 평화롭게 잘 지내기를 원한다. 그러다 보니 어쩌면 참고 인내하고 배려하느라 자기 속은 문드러질 때가 있다. 한마디로 세상과 원만하게 사는 것을 꿈꾸는 스타일이다. 대체로 조용하고 부지런하게 자신의 일을 진행해 나간다. 또 지혜가 뛰어나고 순수해 보이지만 집념이 강하고 자신을 억누르는 것은 부수려고 하는 강인함도 함께 가지고 있다.

기본적으로 자신의 한계를 극복하여 일어서려고 하는 힘을 지니고 있는데, 이는 자기 분야에서 전문가로서 성장하는 것을 돕는다.

 # 재물욕 합리적 결단력 참을성

계해 癸亥
검은돼지

인내력과 협상력을 가지고 자신의 실속을 추구한다

두뇌 회전이 빠르며 묵묵하게 인내심을 가지고 일을 추진하여 자신의 가능성에 끊임없이 노크하는 타입이다. 또 타인의 마음과 욕망을 잘 읽어내는 능력이 있어 전략적이며 협상을 잘한다. 참을성이 있고 외교적이다. 서두르지 않고 계획적으로 준비하여 자신의 것을 이뤄나가는 힘도 지니고 있다. 사람이 차분해 보이며 자신의 실속을 채우는 데에 더 관심이 많다고 할 수 있다. 겉으로는 연약해 보이나 그 속은 단단하고 인내력이 있다.

부부 사이에 대립하는 경우가 종종 발생할 수 있으므로 서로의 생각과 행동에 신경을 쓰는 것이 중요하다.

참을성 외교적 전략적

2단계.
일간

태어난 날짜

첫 번째 글자로

자신을 알아보기

음양오행
陰陽五行

사주 명리학에서는 한 사람이 태어난 날, 우주의 에너지인 오행五行의 위치에 따라 그 사람의 운과 성향이 결정된다고 본다. 사람은 누구나 이 5개의 기운 중 하나를 가지고 태어난다고 보는 것이다. 오행, 즉 5개의 기운이란 나무, 불, 흙, 바위, 물을 말하며 이 기운이 음陰과 양陽이라는 두 가지 기운을 만나 10가지 기운을 만들어내며 이를 음양오행이라 한다.

이 10가지 기운이란 양의 나무, 음의 나무, 양의 불, 음의 불, 양의 흙, 음의 흙, 양의 바위, 음의 바위, 양의 물, 음의 물을 의미한다. 이를 보다 이해하기 쉽게 큰나무, 작은나무, 큰불, 작은불, 넓은땅, 촉촉한땅, 단단한바위, 날카로운금속보석, 큰물, 옹달샘으로 정리해보았다.

사주로 봤을 때, 태어난 날은 곧 자기 자신을 의미한다. 그만큼 한 사람의 운명과 태생적 기질을 파악하는 데 기준이 된다고 볼 수 있다. 그러므로 사주팔자 표에서 태어난 날짜일 칸의 첫 번째 글자가 곧 자신이라 여기면 나를 제대로 아는 데 도움이 될 수 있다.

넓은 땅
무 戊

작은 불
정 丁

큰불
병 丙

작은나무
을 乙

큰나무
갑 甲

시時	일日	월月	연年

옹달샘
계 癸

큰물
임 壬

날카로운금속, 보석
신 辛

단단한바위
경 庚

촉촉한땅
기 己

갑甲
큰나무

강직 고집 두각 낭비 독립 성장

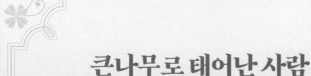

큰나무로 태어난 사람

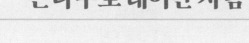

근본적으로 상승하고자 하는 기운이 있어 하늘 높은 줄 모르고 하늘 끝까지 자라고 싶어 한다. 큰나무로 태어난 사람은 성격이 강직하고 단호하며 한번 결정한 일은 좀처럼 뒤집지 않으며 고집이 세다. 자기 우월감과 자존심이 강하며 남에게 굽히지 않고 지는 것도 싫어한다. 성격이 성실하고 창조적이며 활동적이고 적극적이긴 하지만 자존심과 고집 때문에 수직적인 조직의 직장 생활은 어렵다고 할 수 있다.

근면하고 성실한 현실주의자로 한 가지 목표를 향해 사람들을 이끌어 나아간다. 큰나무로 태어난 남자는 여러 사람을 거느리는 우두머리로서의 면모를 갖추고 있다. 대인관계가 원만하고 어떤 목적이나 방향으로 남을 가르쳐 이끌 수 있는 능력을 가지고 있으며 바른 길을 가려고 노력한다. 여자들도 성품이 활달하고 성취욕이 강하며 마음이 넉넉하고 도량이 커서 여장부다운 기질을 발휘한다. 남녀를 막론하고 생활력이 강하고 현실적으로 심사숙고하는 편이지만 한번 결정하거나 계획한 일은 과감하게 밀고 나가는 집념과 추진력을 가지고 있다.

큰나무
직업운

조직 안에서 솔선수범하는 리더의 자리가 적합하다

성격이 진취적이고 독립심이 강하여 솔선수범한다. 큰나무로 태어난 인물에는 명예를 가지거나 리더십을 가지고 독립적으로 활동할 수 있는 정치인이나 단체장, 매니저, 사업가, 의사, 그리고 학자가 많다. 큰나무의 직업으로는 의류사업, 원단가게, 디자이너, 전자제품이나 의약품을 다루는 사람이 많다. 자영업자, 교수, 법인체의 사장, 언론인, 문화예술인, 교육자, 판사 등의 직업이나 집단, 모임의 리더 또는 대표자, 책임자 등이 좋다. 일이나 사람과의 관계에 있어서 처음에 접하거나 만난 사람에게 집착하는 경향이 있다. 큰나무는 양기의 나무, 즉 우람하고 거대한 나무를 나타내므로 기관장, 고위 공무원, 교수, 단체의 지도자, 대기업의 회장이나 임원으로서의 능력이 탁월한 사람들이 많다.

큰나무
재물운

돈 관리가 현실적이며 주변에 금전적 도움을 준다

큰나무로 태어난 사람은 물려받은 재산이 없어도 자기 혼자의 힘으로 집안을 일으키고 재산을 모을 수 있을 만큼 성실하고 부지런하다. 또 어려운 사람들을 돕고 가엾게 여기는 마음도 있어서 모아둔 돈을 곤경에 처한 형제나 친척, 친구들에게 주어 마치 큰나무의 그늘과 같이 든든한 역할을 하기도 한다.

자신이 돈을 관리하는 주체가 되는 것에 만족하며 현실적이고 이재에 밝은 편이다. 투기와 위험한 것은 좋아하지 않고 실속을 차리면서 움직일 수 있은 스타일이나, 아랫사람이나 자신보다 어려운 사람에게 측은지심이 생겨 부탁을 거절하지 못해 손해를 보는 경우가 생길 수 있으니 주의하자.

큰나무
건강운

만성 스트레스와 신경성 질환에 주의를 기울이자

큰나무로 태어난 사람은 대체로 건강하지만, 현실적인 면을 중요시하여 지나치게 성실하므로 일을 멈추지 못한다. 이로 인해 만성피로나 뇌 질환이 우려되므로 만성 스트레스를 주의하고, 정신적으로 무리를 하지 말아야 한다. 만성피로는 간에도 지장을 주므로 황달, 간염, 간암에 주의하는 것이 좋다.

신체 부위로는 간장, 머리, 담낭, 얼굴, 수족, 동맥 등을 표시하며, 질병은 간장질환, 쓸개질환, 신경계통의 질환, 정신건강, 두통 및 얼굴 질환 등이 있다. 특히 담석증이나 고혈압, 신경성 질환, 중풍이나 냉병, 비염에 주의가 필요하다.

큰나무
애정운

책임감과 자기감정에 충실한 사랑을 추구한다

남자는 얼핏 보기에는 매우 무뚝뚝해 보이며 착실하고 현실적이다. 낭만적이지 않고 연애기술이 부족해서 다소 재미없다고 생각할 수도 있지만, 집안의 가장으로서 책임감이 있고 경제적인 안정을 위해 노력하여 가족들에게 신뢰감을 준다. 애인이나 아내를 위해 감성적인 이벤트를 준비하거나 로맨틱하고 애틋한 사랑에 큰 가치를 두는 타입은 아니다.

여자는 연애하면서 복잡하게 고민을 한다거나 좋아하는 남자의 마음을 얻기 위해서 자신을 희생하는 보통의 일반적인 여자들과는 차이가 있다. 마음에 드는 남자가 있다면 과감하게 자기감정을 표현하고, 혹여 상대 남자의 반응이 냉담하다면 별다른 상처를 받지 않고 돌아설 수 있다. 다소 여장부 스타일이기 때문에 자신의 의견에 따라와 주는 남자와 잘 맞고 결혼한 후에도 돈이 있고 없고를 떠나서 사회활동을 계속할 확률이 높다.

큰나무
남자의 특징

낭만보다는 현실적인 안정을 중요하게 여긴다

자신이 처한 환경을 받아들이고 무모한 욕심 없이 성실하게 살아가는 타입이다. 리더십이 있고 진취적이며 누구보다도 부지런하고 성실하다. 또 투기 같은 일을 좋아하지 않으므로 일을 추진하기 전에 꼼꼼하게 확인해보는 신중함도 있지만 일단 신념이 확고해지면 과감하게 밀고 나가 착실하게 결실을 만들어 간다. 자신의 의견을 논리적으로 설득하여 관철하며 한번 마음먹은 일은 반드시 해내는 끈질긴 근성이 있어 목표를 성취해 나간다.

타인의 입장을 생각하고 배려를 잘하므로 일을 추진하는 데 있어서 예의 바르고 타협적인 면이 강하다. 이해관계가 빠르고, 고집도 세며 사람이건 사업이건 바꾸는 일이 적고 처음 만난 사람과 처음 손댄 일에 대한 애착과 집착이 있다.

큰나무

여자의 특징

남자에게 의존하지 않고 생활력이 강하다

남자 앞에서 부끄러움을 타지 않고 위축도 되지 않아 당당해 보인다. 또 자존심이 강하여 크게 질투하거나 애정을 독차지하려는 말이나 행동을 하지 않는다. 성격이 명랑, 활발하고 외향적이며 특히 생활력이 강하다. 남녀관계에서 기본 예의에 벗어난 말이나 행동도 하지 않는다. 또 사랑 때문에 죽고 못 사는 모습도 보이지 않는다.

정신적인 성장과 위로를 중요하게 생각해서 어른스럽게 보이기도 한다. 또 사람을 잘 알아보는 능력이 있고 검소하게 생활하고 아끼면서 차곡차곡 저축하는 타입이다. 만약 남자가 부족한 부분이 있더라도 별다른 불평불만 없이 채워 가면서 원만한 가정을 만들려고 노력한다. 하지만 너무 기가 센 남자와는 어울리지 않는다.

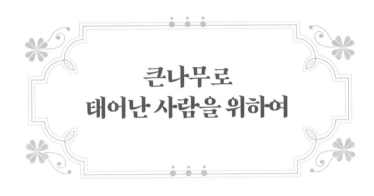

큰나무로
태어난 사람을 위하여

이런 매력을 인지하자

대범하고 리더십이 있다.

진취적인 외강내유外强內柔형이다.

예의가 바르고 사교적이다.

논리가 강하고 상대를 설득할 줄 안다.

마음이 어질고 인자하다.

이런 성격은 주의하자

주관적이며 자기주장이 강하다.

때로는 타협하려고 하지 않는다.

고지식하고 독선적인 면이 있다.

스스로 납득이 안 되면 움직이지 않는다.

남의 위에서 간섭하려고 한다.

주변 사람들의 마음과 상황을
살피는 자세가 필요하다

큰나무로 태어난 사람은 현실적이고 왕성하게 활동한다. 나무가 위로 자라 올라가듯이 새롭게 일들을 시작하고 리더로서 성장하기를 원한다. 하지만 그런 활동 과정에서 주변 사람들을 세심하게 읽어내는 데 둔감해지기 쉽고 타인의 감정에 대해서 의미를 두지 않기 쉽다. 또 정작 자신은 구속받는 것을 싫어하지만 남들은 통제하고 관리하여 의도치 않게 마음의 상처를 주고 있는지도 모른다. 그러니 타인을 향해서 시간을 두고 세심하게 살펴보는 자세가 필요하다. 그렇게 다른 사람의 마음과 처지에 대한 이해를 더 해나간다면 더할 나위 없는 명실공히 큰나무, 거목이 될 수 있다. 다른 사람들의 상황을 이해하려고 노력하고 사람의 말과 행동에 있어 눈에 보이지 않는 행간을 읽어내려고 애써야 한다.

혹여 가까이에 있을지도 모르는 소중한 인연을 마음의 헤아리지 못해 놓치는 실수를 저질러서는 안 되겠다. 지금, 내 주변에 있는 인연들과 그 마음을 천천히 시간을 충분히 가지고 살펴보자.

을乙
작은나무

예민 의지 쇠약 유약 허약 실리

작은나무로 태어난 사람

기본적으로 생활력이 강하고 삶에 대한 욕심이 있어서 현실적인 성취를 위해 꾸준히 노력하여 자기 영역을 확보한다. 큰나무로 태어난 사람에 비해서 부드럽고 세심한 기질을 가지고 있다. 또 타인과의 관계에 있어 유연하고 협조적이다. 따라서 지도자보다는 참모 역할, 중재자로서 능력 발휘를 할 수 있다. 회사에서도 최고 책임자보다는 책임자를 보좌하는 역할에서 실력이 돋보인다. 사람들과 어울리는 것을 좋아하고 쾌활한 성격으로 어디를 가나 환대받는다. 또 돌아다니기 좋아하며 만나는 사람이 많고 헤어짐도 잦다.

작은나무로 태어난 남자는 현실적인 안정을 추구하면서 일과 가정 사이의 조화를 꿈꾼다. 현실적이라 급격한 생활의 변화는 싫어하지만, 변화에는 결국 잘 적응해 나가는 타입이다. 보통 주어진 일상에 불평하지 않고 성실하게 살아간다. 여자는 뒤에서 조용히 자신의 의견을 관철하고 아이디어를 내거나 보조하는 역할을 하는 것이 성향에 잘 맞는다. 또 차분하고 조용하며 상냥해서 남자들에게 인기가 많다. 남녀 모두 의타심이 많아 부모나 배우자에게 의지하려는 경향이 있다.

작은나무
직업운

안정적으로 끈기 있게 할 수 있는 직종이 어울린다

성격이 섬세하고 치밀하며 협조를 잘한다. 또 생활력도 강하여 인내하며 일을 추진해 나가는 능력도 지녔다. 반면에 감정적으로 예민하고 결단력이 부족한 면이 있다.

보통 활동이 많고 독특한 사상을 갖거나 특이한 행동을 하는 사람이 많다. 다른 사람들로부터 존경, 환대를 받는 스타일이다. 차분하고 끈기를 가지고 할 수 있는 공무원이나 교사, 헤어디자이너, 화가, 패션디자이너, 예술 계통, 목공 같은 손재주를 쓰는 직업이 잘 맞는다고 할 수 있다.

큰 규모의 사업 같은 일은 생각하지 않으며 안정적인 생활을 원하므로 잦은 파란이나 실패도 없겠으나 아주 큰 성공이나 부귀영화도 쉽지 않다고 볼 수 있다.

작은나무
재물운

자신의 경제력을 계획적으로 관리하는 살림꾼이다

웬만해선 큰 사고를 치지 않고 절약하므로 생활의 궁핍함은 겪지 않고 살아가는 편이다. 늘 수입과 지출을 계획하여 관리하면서 자기 살림을 꾸려나간다. 하지만 주변에서 돈을 빌려달라고 하면 마음이 모질지 못해서 손해를 볼 줄 알면서도 잘 거절하지 못한다. 사람들에게 이용당하기 쉬운 면이 있지만, 그렇다고 큰돈을 빌려주는 스타일도 아니다. 남에게 빚을 지거나 빌려주는 돈 거래 자체를 싫어하므로 투기적인 재테크와는 거리가 멀다.

무엇보다 경제관념이 뚜렷하고 절약할 줄 안다. 담백한 성격으로 부정한 돈에 관심이 없고 안정적으로 돈을 모아간다. 다소 독립심이 부족하고 의존적인 면이 있으며, 일단 좋아하면 믿고 따르므로 남에게 속아서 재물에 손실이 생길 수 있다.

작은나무
건강운

특히 팔다리와 관련된 질병을 주의해야 한다

쓸개, 신경, 목, 수족, 이마, 근육, 손가락, 발가락 등의 신체 부위를 표시하며 신경 계통이나 팔다리의 질병을 신경 써야 한다. 특히 담석증이나 허약체질, 중풍, 냉병이나 비염, 축농증을 주의하는 것이 좋다.

새로운 변화보다는 안정을 선호하고 그대로 순응하며, 변화가 오면 결국은 잘 적응하면서 살아간다. 또 모험이나 무모한 일에 손대지 않고 무리하게 뭔가를 추진하지도 않는, 평범한 일상생활을 추구하는 것이 건강에 이롭다는 것을 기억하자.

작은나무
애정운

가정에 충실하고 오직 한 사람만을 바라본다

작은나무로 태어난 남자는 자신이 좋아하는 여자가 있어도 드러내 놓고 고백을 하거나 애정을 표현하는 일은 거의 없다. 과감하지 못하고 이리저리 생각만 하다가 사랑을 표현하는 시기를 놓치는 경우가 많다. 하지만 현실에 순응하고 가족을 중요하게 생각하고 큰 어려움을 겪지 않으며 살 만큼의 돈을 착실하게 모아가며 단란한 가정을 만들고자 한다.

여자는 성품이 온순하고 사람들과의 관계가 원만하며 오직 한 사람을 만나는 연애를 하는 경우가 많다. 다만, 남에게 싫은 소리를 못 하므로 별로 좋아하지 않는 남자라도 규칙적이고 반복적으로 청해오는 애정표현을 딱 잘라 거절하기 어렵다. 따라서 오해를 산다거나 구설에 휘말리는 일이 없도록 맺고 끊음을 분명하게 하는 것이 좋다. 사귀다가 헤어지기를 원하는 경우도 딱 끊지 못해서 시간이 많이 걸리기 쉽다.

작은나무
남자의 특징

현실에 만족하면서 살아가는 순응적인 인격이다

사회나 정치 등 자신이 통제할 수 없는 것에 대해서는 관심이 적고 자신의 일상적인 생활과 현실에 만족하면서 살아가려고 한다. 부모, 형제 등 가족이나 친척 간에 불화를 만들지 않으려고 노력한다. 다른 사람에 비해 이렇다 할 인생의 굴곡도 없고 크게 궁지에 빠지지도 않지만 큰 출세도 쉽지 않다고 볼 수 있다.

큰 욕심 없이 원칙을 지키며 살아가는 것을 원한다. 작은나무로 태어난 사람한테 큰돈을 빌리기는 쉽지 않을 것이다. 하지만 일단 승낙하면 전폭적으로 지원한다. 사회적으로 혹 짜다는 평을 들을지라도 자기 신념인 만큼 소신대로 살아가며, 가정을 위해서는 인색하지 않다.

아내와 자식을 아끼고 원칙을 지키면서 살아가기 때문에 평생 큰 위기나 불행은 만들지 않는 스타일이다.

작은나무
여자의 특징

여성적인 매력과 편중되지 않는 사고력이 돋보인다

흔히 평범하기 때문에 개성이 없는 듯 보이지만 여성스러워 사랑스럽다. 또 쓸 때와 아낄 때를 잘 아는 현명함이 있고, 돈이 많아도 낭비하지 않고 조금 없다고 해도 비굴하거나 인색하지 않다. 기본 성향이 경우가 바르고 중심이 있으며 친하고 아니고를 떠나서 합리적이어서 치우친 견해를 갖지 않으며 잘잘못에 대해서도 공정하다.

남을 잘 이해하고 용서하는 아량이 있으며, 책임감이 강하여 결혼 후에는 주부의 역할에 최선을 다하려고 한다. 다른 사람들의 분위기에 휩싸여 시간을 헛되게 보내는 일도 없다. 활발하고 명랑하지만 거칠거나 버릇없지 않다. 얌전하면서도 꽁하거나 고집스럽지도 않으며 똑똑해도 건방지지 않고 자존심이 강해도 스스로 억제하여 참아낸다.

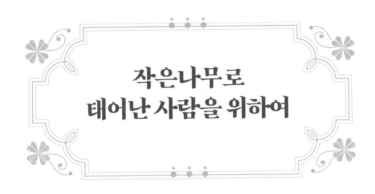

작은나무로
태어난 사람을 위하여

이런 매력을 인지하자

감성적이고 타협과 협동을 잘한다.

단정하고 온순하고 부드럽고 세심하다.

거짓으로 마음에도 없는 말을 못 한다.

눈치가 빠르고 이야기를 잘 들어 준다.

여성적이고 아기자기하며 사랑스럽다.

이런 성격은 주의하자

간혹 소심한 면이 있다.

신경이 예민하고 까다롭다.

즉흥적이어서 체계적인 행동이 어렵다.

깊은 속내를 잘 알기 어렵다.

정치적으로 행동하는 면도 있다.

타인에게 의지하지 않는
독립적인 마음을 추구하자

내면이 강하고 현실에 충실하며 상황에 맞게 유연하게 대처하는 능력은 탁월하다. 또 주변 사람들에게 쾌활하고 부드러운 성격으로 인정을 받고 사랑을 받는다. 하지만 다소 의존적이다. 어릴 때는 부모님에게 의존하고, 자라면서는 친구나 애인에게 의지하게 되면서 그렇게 기댈 수 있는 상대가 내 곁에서 사라질까 봐 두려워 불안하기도 하다. 이런 두려움과 불안은 일상생활 속에서 큰 스트레스로 오기 쉽고 때로는 의존하는 대상에 대한 집착으로 나타나기도 한다. 이 집착이 극단적이어서 아예 모든 것을 갖거나 다 놔버리려는 성향으로 드러나기도 한다. 변덕이 심하거나 잘 토라지는 것도 어떻게 보면 누군가에 대한 의존성에서부터 시작된다고 할 수 있다.

작은나무인 풀은 바람이 불면 뉘었다가 바람이 지나가면 다시 일어나는 유연함을 보여준다. 이렇게 부드럽고 세심한 것은 좋으나 부드러움만 있다면 결국 물러져 단단한 어딘가에 붙어 있어야만 한다. 세상은 남에게 의지하고 편안하게 있으려는 사람에게 친절할 만큼 만만하지 않다. 때론 대담함과 독립적인 마음도 필요하다.

병丙
큰불

적극 개방 명랑 허영 과장 단순

큰불로 태어난 사람

큰불은 활활 타오르는 불길에 비유될 수 있다. 따라서 큰불로 태어난 사람은 성격이 매우 급하고 체력이 왕성하고 활동적이다. 또 두뇌 회전이 빠르고 언변이 출중해서 곤경에 처해도 타고난 설득력과 추진력을 발휘하여 쉽게 극복한다. 무슨 일이든 과장이 심하고 적극적이며 호불호가 분명하다. 때론 성격이 급해 주위 사람을 곤란하게 만들며 자신의 감정을 숨기지 못하고 시원스럽게 바로 표현하는 타입이다.

남자는 활달하고 언변이 좋아 대인관계에 능하고 사업수완도 뛰어나며 임기응변의 처세에 밝아 기회가 오면 놓치지 않고 성공의 발판으로 삼는다. 또 박력이 넘치는 유형으로 사람을 위할 줄 아는 인간미까지 갖추고 있어서 사람들에게 호감을 사며 그로 인해 출세하는 기회를 맞을 수 있다. 이들은 가만히 앉아서 생각하는 유형이 아니며 일단 확신이 서면 금방 실천에 옮기는 실행력이 강하다. 큰불로 태어난 여자도 남자와 비슷하다. 겉으로 드러나는 모습은 활기가 넘치고 자기주장이 확실하며 조금은 쌀쌀맞고 까다로워 보인다. 그래서 주변의 남자들이 근접하기 어려워하기도 한다.

큰불
직업운

대담한 성향을 살려 남 앞에 나서는 일이 적합하다

　두뇌가 명석하고 분별력이 있으면서 활동적이고 적극적이다. 배짱도 있고 대담하며 진취적으로 일을 추진하는 열정이 있다. 다소 극단적인 성격은 대인관계에 마찰을 만들 수 있고 자신과 다른 의견에 대해서는 적극적으로 본인의 주장을 피력한다.

　민족이나 대중의 정신적인 지도자로서 나아갈 방향을 제시하거나 앞서 나아가는 사람이 이에 속한다고 할 수 있다. 특히 교육자가 많고 말을 쓰고 사람을 만나는 직업인 외교관이나 사회운동가, 건설업자, 전자제품업계 종사자, 자신을 표현하는 방송인, 연예인 또는 예술과 관련된 직업 등에 종사하는 경우가 많다.

큰불
재물운

미래보다 현재를 즐기며 문화적 향유를 추구한다

한마디로 화려하게 현재를 즐기는 타입이다. 따라서 돈이 별로 없어도 기분대로 돈을 쓴다. 미래를 위해 검소하게 생활하고 저축하는 사람이 드물다. 사고 싶은 것이 있으면 사야 직성이 풀린다. 충동적이고 계획적이지 못한 소비를 하지만 큰 곤란을 겪지 않고 살아갈 수 있는 것은 대인관계가 넓고 성격이 화통하여 주변 사람들에게 도움을 많이 받기 때문일지도 모른다. 방탕하고 허영이 지나쳐 가족을 곤경에 빠뜨릴 정도가 아니라면 원래의 기질대로 사교와 문화적인 향유를 즐기며 화려하게 사는 것이 이들에게는 더 어울린다.

분명한 것을 좋아하여 뒤로 옳지 않게 돈을 버는 것을 싫어한다. 경제 감각이 있고 분별력이 있어 기회 파악이 빠르고 과감하게 큰돈을 벌고 분위기에 취해 기분 좋게 큰돈을 쓰기도 한다.

큰불
건강운

고혈압, 심장질환이나 관절염에 유의하자

심장, 눈, 어깨, 치아, 혀 등의 신체 부위를 나타내며 심장질환, 소장질환, 안질, 편도선염, 고혈압, 치통 등의 질병과 관련이 있다. 고혈압이나 심장병, 당뇨나 시력감퇴, 협심증이나 관절염을 주의하면 좋을 것이다.

활동에 있어 지나치게 움츠리거나 금전적으로 궁색할 경우, 양기의 강한 불이라는 오행이 안으로 폐쇄되는 모양이 되어 사회생활이 원만치 못하고 사람들로부터 소외당하며 정서적으로 곤란할 수도 있다.

큰불
애정운

순간적인 감정에 충실하고 앞뒤를 재지 않는다

남자는 좋아하는 여자가 나타나면 과감하게 프러포즈하여 자신의 감정을 표현한다. 또 일단 마음에 들면 어떤 방법을 써서라도 자기 사람으로 만드는 수완도 뛰어나다. 하지만 결혼한 후에도 애정 편력이 계속되어 부부간의 불화를 초래하기도 하고 복잡한 여자관계로 인해 사회생활이나 사업에 손실을 초래하기도 하므로 감정적으로 절제하는 것이 필요하다. 화끈하고 뒤탈을 걱정하지 않고 감정에 충실한 사랑을 하는 타입이다.

여자도 정열적인 사랑을 불태우는 스타일이다. 내조에 적극적이라서 남편의 승진, 출세에 큰 도움이 되고 살림도 알뜰하게 꾸리는 가운데 돈이 없어도 궁색함을 느끼지 못할 정도로 융통성과 지혜를 보여준다. 동시에 두 남자와 사귀기도 하고 다른 여자와 한 남자를 사이에 두고 삼각관계에 빠지기도 한다. 즉 앞뒤를 따지거나 이해타산으로 사랑을 하지 않는다.

큰불
남자의 특징

가능성에 대한 도전을 망설이지 않는 박력이 있다

대개는 시대의 흐름에 민감해서 처세가 좋고 사업 경영을 적절하게 하여 남보다 앞서는 사람이 많다. 성격이 급해서 누가 우물쭈물하는 것을 보지 못하고 역정을 잘 내지만, 금세 풀려서 상대방의 감정도 잘 풀어준다. 대수롭지 않은 일에는 참을성이 없으면서도 도리어 어려움을 당하면 잘 참아내고, 무척 까다로워 보여도 어떤 환경에서도 잘 적응한다. 아무리 힘든 것 같이 보여도 새로운 일이나 가능성에 대한 도전을 망설이지 않고 당당히 실행하는 용기와 박력이 있다. 겉으로는 교만하고 냉정한 면도 있지만, 고난에 처한 사람을 감동시킬 만큼의 매력적인 인간미도 가지고 있다. 특히 사람을 사귀고 다루는 수단이 좋아 처음 본 사람과도 금세 친해진다. 다만, 한 가지 일을 끈기 있게 하지 못하고 난관에 부딪히면 곧바로 다른 방법을 선택한다. 또 좋고 싫은 표현이 확실하며 이를 숨기지 못한다.

큰불
여자의 특징

알뜰하게 실리를 추구하는 현실주의자이다

　겉모습만 본다면 사납고 독하고 건방지고 교만하게 보이나, 실은 겁이 많고 순진하며 상냥하고 이타심이 많다. 웬만한 잘못은 탓하지 않으며 눈물을 잘 흘리는 여자이기도 하다. 특히 남자를 보는 안목이 높다. 자신이 남자를 직접 선택하고 리드하는 편으로 마음에 드는 남자가 생기면 먼저 사랑을 고백한다.

　실리를 추구하는 현실주의자이며 자신의 감정에 충실하다. 살림하게 되면 만일을 대비해서 남편 몰래 저축을 하기도 한다. 우유부단하고 지지부진하게 다가오는 남자는 질색을 한다. 상대가 적극적이고 과감하게 프러포즈해 주기를 바라지만, 원치 않는 이성의 설득이나 유혹 따위에는 넘어가지 않는다. 로맨틱한 감상은 좋아하지 않고 달콤하거나 간절한 애정표현에 동요되지도 않는다. 상대의 능력이나 사회적 위치를 중요시하며 성격보다는 잘생긴 용모의 세련된 남자를 선택할 가능성이 높다.

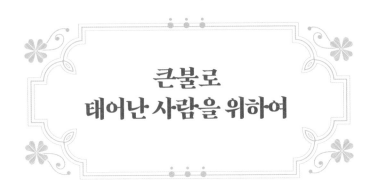

큰불로
태어난 사람을 위하여

이런 매력을 인지하자

개방적이고 말을 능숙하게 잘한다.

상황에 맞춰 발 빠르게 변화한다.

감성적이고 밝고 예의가 바르다.

좋고 싫음이 확실하고 직선적이다.

하고 싶은 일에 대한 의식이 분명하다.

이런 성격은 주의하자

감정이 지나쳐 직언을 잘한다.

자기주장이 강하여 주변과 충돌이 잦다.

성격이 급하고 흥분하면 물불을 가리지 않는다.

자기 안에 담아두지 못해 비밀이 없다.

주변을 살피지 않고 말과 행동을 서슴지 않는다.

때로는 자신의 감정을 숨길 줄도 알아야 한다

상황이 좋을 때 이렇게 밝고 긍정적이고 좋은 기운을 내뿜는 사람도 없다. 또 흐리멍덩한 입장을 취하는 법이 없다. 좋거나 싫거나 내 편이거나 적이거나 등 이런 식으로 극단적인 성향이 되기 쉽다. 그러니 자신의 속내를 숨기지 못한다. 하지만 세상 일과 인간관계에서 어디 좋은 감정만을 가질 수 있겠는가. 이렇게 자신의 감정을 여과 없이 드러낼 때 그것을 보게 되는 상대 방의 입장도 생각해봐야 한다. 어쩌면 일순간 보여준 극명한 감정의 표현은 자신의 속은 편할지 모르겠지만 영영 상대방을 볼수 없거나 가까운 인연으로는 둘 수 없게 만들지도 모른다.

솔직하고 명확한 감정표현이나 말투는 구설을 만들기 쉽고고집이 세고 감정변화가 극명한 면은 이를 지켜보는 상대방에 따라 평생 잊지 못할 지옥 같은 순간을 체험하게 할 수도 있다는 것을 생각해볼 필요가 있다. 그러니 성격이 밝고 매사 분명한 것은 좋으나 때로는 남의 이야기와 조언에 귀를 기울이는 것을 잊지 말자. 남들이 공통적으로 말하는 것에는 조금 더 관심을 가지고 이야기를 들어보는 자세가 필요하다.

정丁
작은불

온정 집요 연구 개혁 정열 차분

작은불로 태어난 사람

작은불은 음기를 지닌 불로 은은히 타고 있는 촛불에 비유할 수 있다. 성격이 활달하고 사교적이긴 하나 큰불로 태어난 사람처럼 임기응변에 능하지 못하고 처세에 밝지 못한 편이다. 그래서 조금 고지식하고 지나치게 착한 사람으로 비쳐 다른 사람들에게 이용당하는 경우가 종종 있다. 남에게 도움을 받으면 그 은혜를 잊지 않고 평생을 통해서 반드시 보답하려는 의리가 있는 반면에, 생각이 외골수이다 보니 한번 마음의 상처를 입거나 배신감을 느끼면 오랫동안 그것을 잊지 않고 복수의 집념을 불태우는 면도 가지고 있다. 다소 단편적이고 극단적인 경향이 있다고 할 수 있다. 즉 좋고 싫음, 미움과 사랑, 신뢰와 배신감의 극단적이고 이분법적인 잣대로 사람을 구분하고 사귈 뿐 적당히 타협하는 법을 모른다. 다소 감정의 변화 폭이 큰 편이지만 그래도 타인을 배려할 줄도 안다.

남녀를 막론하고 정이 많고 마음이 모질지 못해서 상대가 도움을 요청해 오면 손해를 보거나 복잡한 문제가 생길 줄 알면서도 돈을 빌려주거나 명의를 빌려주고 마음에 없더라도 사랑을 표현하는 사람을 쉽게 뿌리치지 못한다.

작은불
직업운

사회적 인망이나 사회에 봉사하는 직종이 어울린다

작은불은 인자함, 자상함, 봉사자, 안내자, 수도인 등을 의미한다. 자상한 기품과 훌륭한 인격을 갖춘 옛 어른들이 특히 많다. 직업은 선생님, 아나운서, 섬세하고 창조적인 디자이너, 광고, 홍보 또는 방송인, 예술가, 보살, 역술가, 군인, 의사, 법원 공무원, 변호사, 정치인 또는 사회에 봉사하는 일에 종사하는 사람들이 많다.

예의가 바르고 침착하게 자신을 절제할 수 있는 능력도 가지고 있다. 직장 상사나 소속 단체에 대한 충성심이 대단하며 타인을 배려하고 자신을 희생하는 데 주저함이 없다. 다만, 사람을 잘 믿어 손해와 사기를 당하기 쉽다.

작은불
재물운

금전 욕심이 약하니 재정관리의 도움을 받아야 한다

기본적으로 현실적인 욕심이나 금전욕이 없는 사람들이 많다. 재산을 물려받아도 돈거래나 이익계산에 밝지 못하고 큰 욕심을 내지 않으므로 공공성이 있는 사업에 투자했다가 손해만 보는 사례가 많고 큰돈을 벌 수 있는 기회가 와도 잘 알아차리지 못하는 면이 있다.

경제적으로 곤란을 겪지 않으려면 주변 가족들이 나서서라도 통장을 관리해주고 씀씀이를 제한할 필요가 있다. 그렇지 않고 내버려 두었다가는 자신만 손해를 보는 것이 아니라 주변 사람들에게까지 손해를 끼치게 되기 때문이다. 간혹 현세적인 욕망과 금전욕이 강해 돈에 지나친 가치를 두는 사람들도 있는데, 이들은 자신이 가진 재산을 지나치게 믿고 경거망동하여 파산하거나 화를 당하는 수가 많으니 유의해야 한다.

작은불
건강운

시력과 심장 관련 질병에 관심을 두어야 한다

피, 눈, 심장 등 신체의 가장 중요한 부분들이 작은불로 표시된다. 또 혀와 정신, 시력 등도 관장한다. 따라서 심장질환, 고혈압, 시력장애 등의 병이 해당한다고 할 수 있다. 무엇보다 고혈압이나 시력감퇴, 냉병이나 협심증에 신경을 쓰는 것이 좋다.

작은불로 태어난 사람들은 작은 계기일지라도 감정변화의 폭이 무척 넓어 때로는 예측하지 못할 정도의 행동을 보이기도 한다. 그러므로 차분한 심리 상태를 가질 수 있도록 단편적, 극단적 사고방식을 피하는 것이 좋다.

작은불
애정운

은근히 불타는 애정과 헌신하는 순정을 가졌다

작은불로 태어난 남자는 처음엔 그저 곁에서 두고 보다가 점차 신뢰가 깊어지면 정신적인 만족감을 주고받는 관계가 되고 그러다가 완전히 깊어져서 오직 그 사람만 생각하는 연애감정을 갖게 된다. 하지만 고지식하여 상대가 한번 실수하면 그 사건을 잊지 못하고 원망하는 단점도 있다.

여자는 매사에 남편이나 남자친구를 앞세우고 자신은 뒷전에서 보조해주는 것으로 만족감을 느낀다. 한번 마음을 준 상대에게 평생 헌신하는 일편단심이 특징이다. 하지만 겉으로 드러난 모습이 상냥하고 온순하다고 해서 사랑에 무디거나 희미하다고 생각해서는 안 된다. 마치 꺼지지 않는 촛불처럼 은은히 계속 타오르는 열정과 증오가 숨겨져 있기에 한 사람을 죽도록 사랑하지만, 그 사랑을 버린 이에겐 배신감을 품고 사는 것이 작은불로 태어난 남녀의 사랑관이다.

작은불
남자의 특징

타인을 잘 믿고 불의 앞에 나서는 의협심을 지녔다

불의를 보면 분노하는 마음과 남의 어려움을 돕거나 억울함을 풀어주기 위해 자신을 희생하려는 의로운 마음이 있다. 그래서 손해를 볼 줄 알면서도 남의 어려움을 보면 인정을 잘 베풀고, 자신과 상관없는 일에도 관여하며 의로운 일에 솔선수범한다. 사회적으로는 바람직하지만, 본인은 구설과 어려움에 빠지기 쉽다. 또 성격이 고지식하고 솔직해서 남을 속일 줄 모른다.

이렇게 자신의 감정을 아낌없이 주는 만큼 반대급부를 바란다. 사람을 잘 따르고 사귀기도 잘하는데, 한번 오해를 하거나 미워하면 좀처럼 꽁한 마음을 풀지 못하고 노골적으로 싫어하는 감정을 나타낸다. 이로 인해 괜한 적을 만드는 수가 있다. 또 남의 일이나 자기 일 가릴 것 없이 몸을 아끼지 않고 일을 한다. 칭찬 듣기를 좋아하고 누가 잘해주면 그 보답을 꼭 하려고 하는 마음가짐이 강하다.

작은불
여자의 특징

사랑표현을 중요하게 여기며 측은지심이 강하다

흔히 인정이 많고 마음이 약해서 남의 어려운 부탁을 쌀쌀맞게 거절하지 못한다. 결혼 전에 좋아하지 않는 남자를 냉정하게 거절하지 못하여 불필요한 곤욕을 당하거나, 심지어 마음에 없는 사람이라도 끈질긴 구애를 하면 결혼까지 하는 수도 있으니 주의해야 한다.

겉모습과 달리 속은 무척 여리며 사랑표현을 매우 중요하게 여긴다. 은근 겁이 많고 마음이 여린 여자라 공허함이나 고독감 같은 것을 잘 느낀다. 상대가 사랑표현을 하면 감사하게 여기며 보답하려고 노력하는 마음씨를 지녔다. 다만, 사소한 일에도 큰 충격을 받는 타입이므로 자존심 상하는 말은 삼가야 한다. 자신이 상처받은 말과 행동 하나하나를 기억하고 그 서운함을 토로하는 경향이 있다. 작은불이라는 촛불은 섬세하고 세심하게 배려하지 않으면 금세 꺼지기 쉽다는 것을 유념하자.

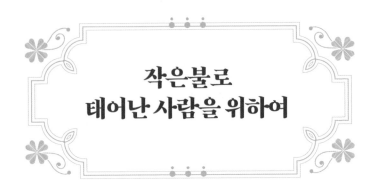

작은불로
태어난 사람을 위하여

이런 매력을 인지하자

심성이 착하고 온화하고 정이 많다.

한번 마음을 주면 변함이 없다.

성격이 부드럽고 섬세하고 세심하다.

주변과 침착하게 잘 어울린다.

다른 사람에게 부담 주는 것을 싫어한다.

이런 성격은 주의하자

때로 대범하지 못하고 소심하다.

불필요한 생각과 걱정이 많다.

우유부단하고 결단력이 약하다.

자기 의견의 적극적 주장이 어렵다.

귀가 얇아 줏대가 약하다.

자신의 감상에 휘둘리지 않는
평정심이 필요하다

이제껏 세상을 살아오면서 남이 준 상처로 인해 조금씩 자기를 보호하려고 마음의 문을 닫고 있을지도 모르겠다. 게다가 내면적인 근심과 외로움을 강하게 느끼는 스타일이므로 이미 마음은 너덜너덜해져 있기 쉽다. 이렇게 사람 간에 마음과 감정의 문제는 중요하다. 하지만 모든 것을 감정적인 문제로만 보게 된다면 가까이에 있는 사람은 지칠 수 있다. 우리는 조금이라도 자신을 마음 편하게 해줄 수 있는 상대를 원하고 동경한다. 그러니 매사 자신의 감정에 휘둘려 지나치게 감정적으로 타인을 대하게 된다면 수많은 오해를 낳을 수 있다는 것을 기억하자.

작은 말이나 행동에 상처받고 아파하고 아직 일어나지 않은 미래에 대한 걱정과 불안으로 인해 감정이 오락가락 흔들리는 모습을 보여주는 것은 자신도 지치지만 가장 가까이에 있는 인연들이 힘들게 되고 어쩌면 그들이 살맛 떨어지게 만드는 자극을 주고 있는지도 모른다. 그리고 그런 주기적인 자극은 사람과의 관계를 건강하지 못하게 만들기 쉽다. 주변 사람들에 의해 자주 흔들리고 아파하니 자신의 마음이 안정될 수 있는 평정심을 가질 수 있도록 노력해야 한다.

무戊
넓은땅

우직 신의 중립 중용 믿음 중후

넓은땅으로 태어난 사람

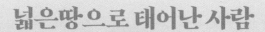

　우리의 삶은 땅을 바탕으로 시작되고 유지된다. 그렇듯이 넓은땅의 성격은 안전과 신뢰, 인내와 부지런함, 강한 개성을 상징한다. 넓은땅으로 태어난 사람들은 이런 영향을 받아서 생활력이 강하고 주관이 확고하여 개성이 무척 뚜렷하다. 또 배짱이 두둑하고 대담하며 두뇌가 명석하고 의지가 확고부동하여 매사를 계획대로 처리해 나간다. 광활한 대지와 지구라는 땅덩어리 전체를 말할 정도로 사업 구상이나 미래 계획, 생활 가치관이 남성적인 박력을 느끼게 한다. 즉 대륙적 기질의 소유자로서 일생일대의 목숨을 걸고 모험을 할 정도로 스케일이 큰 타입이다. 또 복권, 도박, 주식에 큰 기대를 걸고 몰두하는 사람 중에는 넓은땅의 기운으로 태어난 사람이 많다.

　언행에 무게가 있고 중후하며 포용력이 있으며 털털하다. 특히 자신을 해롭게 하고 욕하는 사람에게도 관대하며 반대 의견을 수용하고 따르는 데도 인색함이 없다. 때에 따라서는 '좋은 게 좋은 것'이라는 식의 태도를 보여 우유부단하고 줏대 없다는 평도 듣는다.

넓은땅
직업운

장기적인 안목과 중재자 역할 분야가 적합하다

관찰력이 뛰어나 오랫동안 고민하여 결정하므로 실수가 적으며 변화를 싫어한다. 다소 답답해 보이기도 하지만 우직하며 스스로 해결하고자 하는 성향이 강하다. 의사결정이 늦지만 대체로 합리적이며 정직하고 담백한 편이다.

보통 모나지 않고 모든 것을 수용할 줄 아는 포용력 있는 인물들이 많다. 넓은땅으로 태어난 사람들의 직업으로는 중재의 역할을 하는 부동산 등의 중개업자나 통역이나 관광 관련 업종, 요식업, 정육점, 운동선수, 건축가, 군인, 산림업, 농업 등이 좋다고 할 수 있다.

넓은땅
재물운

합리적인 경제활동으로 자수성가하는 사람이 많다

흙과 저장의 의미를 지닌 넓은땅으로 태어난 사람들은 금전 활용이나 관리능력, 돈을 모으는 면에서 탁월한 재주를 갖고 있다. 또 재산을 물려받거나 안정적으로 주식 투자를 하는 등 극심한 경제적 리스크를 초래하는 일도 없는 편이다. 설사 물려받은 재산이 없더라도 재테크에 능하고 현실 감각이 뛰어나서 한 집안을 일으키며 자수성가로 성공할 가능성이 높다고 볼 수 있다.

신용을 중요하게 생각하고 합리적이고 안정적으로 투자를 하거나 돈을 모아간다. 사회나 경제 상황을 바라보는 통찰력이 뛰어나고 상식이 많아 대체로 합리적인 경제활동을 해나간다.

넓은땅
건강운

위장 계통의 질병과 피부병에 주의가 필요하다

위장, 복부, 겨드랑이, 어깨 등의 신체 부위를 나타내며, 신체의 가운데 위치하여 각 부위를 조절하고 영양을 공급해주는 역할을 한다. 질병에는 비장 및 위장질환이 있는데 위 계통의 질병이 모두 해당한다고 볼 수 있다. 또 피부병과 당뇨 등이 있다. 손과 발이 약하며, 혈압이나 당뇨, 피부병, 아랫배가 냉하거나 쉽게 체하는 것을 신경 써야 한다는 것을 기억하자.

흔히 분쟁에 잘 끼어들어 중재자 역할을 하며 가정을 위하는 마음이 무척 크다고 할 수 있으니 자신의 정신적 안정도 함께 챙겨야 한다.

넓은땅
애정운

자기 사람만 관심을 두며 현실적인 결혼관을 가졌다

남자의 애정관은 다소 편협하고 극단적인 데가 있다. 자신이 좋아하는 사람들에게는 자신을 희생하면서까지 잘 해주지만 사생활이나 사회생활을 막론하고 자신과 관계없는 사람에게는 관심이 없고 몰인정할 정도로 사무적으로 대하는 특징을 보인다. 하지만 책임감이 강하고 인정이 있어 믿음직한 가장이 되고 아내에게 쏟는 사랑이 각별할 것이다.

여자들은 사랑으로 인해 자기 생활을 무너뜨리는 일이 없는 편이다. 자신의 명예와 타인의 이목을 중요하게 생각하기 때문에 애정문제로 불필요하고 소모적인 신경전을 벌이지 않는다. 또 결혼 상대를 선택할 때 그저 사랑만이 전부라고 생각하지 않는다. 직업과 경제력이 확실하고 가정을 꾸려도 큰 어려움이 없겠다고 판단되는 상대여야 결혼을 결심하게 된다. 간혹 자기 마음에 드는 남자에게 모성적인 보호 본능을 나타내는 면도 있다.

넓은땅
남자의 특징

대인관계의 선이 분명하며 배짱 있게 투자한다

보통 허황된 일에 손을 대지 않고 실익이 있는 일만을 하려고 하지만, 기회라고 생각되면 배짱 있게 투자를 아끼지 않는다. 이런 점에서 투기적이고 모험적이라고 볼 수 있다. 기본적으로 성실하고 부지런하며 개성이 강하다. 반면에 남을 용서하고 이해하는 데 인색하고, 소견이 좁아 꽁한 마음을 잘 갖는다. 책임감이 있어 맡은 일에 충실하고 가정에서는 특별히 아내를 아끼며, 가장으로서 가족을 보호하려는 의식이 누구보다도 강하다.

속마음을 잘 드러내지 않으며 허점 없는 태도를 지닌다. 사무적이고 명분을 존중하며, 사람을 가려 사귄다. 비록 소견이 좁고 꽁한 마음을 지녔더라도 그 내면이 잘 드러나지 않아 일반적으로 남이 느끼기에는 대륙적이고 가장 남성적이며 무척 그릇이 크게 보인다. 한편 모험이나 투기 등에 손대기를 잘하고, 도박성 있는 일에 취미를 갖는 사람도 많다.

넓은땅
여자의 특징

자신만의 흔들림 없는 판단력을 지녔다

대개 똑똑하고 담대하며 노련하여 여장부 스타일이다. 뚝심이 있어 주변 분위기에 잘 말려들지 않고 남의 꼬임에도 넘어가지 않는다. 또 좋아하는 사람에게는 편벽된 애정을 쏟아 많은 손해를 보면서도 어머니와 같은 애정을 쏟기도 한다. 기본적으로 생활력이 강하고 수완이 있어서 사업을 하는 경우가 많다.

애정 면에서도 적극적이어서 누가 먼저 고백을 하건 사귀는 데까지 빠르게 진행된다. 즉, 시일을 기다리면서 이것저것 재지 않고 즉흥적이고 빠른 판단을 내린다. 남성적인 풍모나 성격의 사람보다는 좀 여성적인 남자, 얼굴선이 가늘고 다소 유약해 보이는 남자를 좋아하는 경향이 많다. 또 사회적, 경제적으로 상당한 위치에 있는 남자라야 이 여자를 이끌 수 있다. 아니면 차라리 여자가 주도권을 쥐고 남자는 아내의 의견에 따라가는 부부관계가 형성되어야 할 것이다.

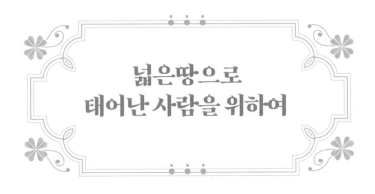

넓은땅으로
태어난 사람을 위하여

이런 매력을 인지하자

신용과 명분을 중요하게 여긴다.

중후하고 믿음직스럽다.

자신의 목표에 적극적이다.

규칙과 규율을 준수한다.

마음먹은 일은 꾸준히 해나간다.

이런 성격은 주의하자

고집이 세며 우직하다.

보수적이고 융통성이 약하다.

행동이 느리고 답답하다.

자신이 믿는 것만 보려고 한다.

다소 자만하며 임기응변에 약하다.

힘든 상황에서
같이 버텨주는 인간미를 기르자

　사람과 사람 사이에서 중재자의 역할을 수행하기에 좋은 성격을 가졌으나 복잡한 것을 싫어한 나머지, 문제가 생기고 상황이 어려워지면 회피하고 도망가려고 하는 태도를 보이기도 한다. 그리고 그것이 해결되기를 기다리거나 다른 사람이 하게끔 만들면서 자신은 그 문제의 중심에서 빠져나와 자신만 편하면 된다는 생각을 하기 쉽다. 특히 나와 연관된 측면이 없다면 이 문제가 어떤 식으로 확장되거나 설령 지옥과 같은 상황이 되어도 크게 상관없다고까지 생각한다.

　사람 간의 중재는 마음의 전달이나 공감 없이 그저 메신저처럼 중간에서 말만 전달한다고 되는 것은 아니다. 물론 일적으로는 그런 중재도 문제가 없겠지만 마음을 가지고 있는 사람들이 모여 있는 세상살이에서는 간과해서는 안 될 부분이다. 자신만 편하기 위해서 하는 생각이나 행동, 방관자적인 태도는 주변 사람을 고통스럽게 만들기도, 곤란한 상황으로 빠지게 할 수도 있다는 것을 명심하자. 사람 간의 갈등이 마무리될 때까지 회피하지 말고 함께 해결하고자 하는 자세를 보여야 한다. 이렇게 힘들 때는 같이 버텨주는 것이 이 세상을 살아가는 도리이기도 하다.

기근
촉촉한땅

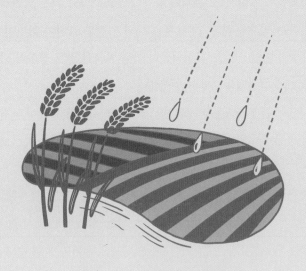

온화 겸손 순정 근검 충실 포용

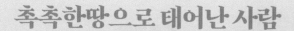

촉촉한땅으로 태어난 사람

촉촉한땅으로 태어난 사람들은 주어진 한 가지의 일에 대해 누구도 따라올 수 없을 만큼 끈질긴 지구력과 성실성을 보이며 끝까지 해내는 강점을 지녔다. 매일매일 반복되는 일에 대해 지루함이나 짜증을 느끼지 않고, 충실한 타입이므로 사무직, 일반 행정직이나 기능직에서 자기 장점을 최대한 발휘할 수 있다. 또 전문적인 기술이나 지식을 가지고 있는 일을 한다고 하더라도 남다른 성실함으로 자기 입지를 확고히 구축한다.

자부심이 강하고 계산이 밝아서 자신의 이익을 챙기고 자기 영역을 확보하는 데는 따라올 사람이 없을 정도이다. 두뇌 회전이 빠르고 학문을 소중하게 여기며 사람을 사귀는 데에 지위와 체면, 경제력을 따져 만나는 경향이 있다. 이렇게 이해타산적인 면이 다분하지만, 신비주의 사상이나 종교에 매료되어 갑자기 생업을 포기하고 성직자, 승려로 입문하는 등 눈에 보이지 않는 세계에 탐닉하기도 한다. 반면에 사람들 속으로 잘 녹아들어 가며 원만한 대인관계를 바란다. 사교성이 좋아 친구가 많고 적을 만들지 않는다. 무엇이든 펜으로 쓰기를 좋아하며 기록을 잘한다. 가끔 엉뚱한 짓을 하고 변화의 폭이 크고 잦은 편이다.

촉촉한땅
직업운

탁월한 지구력으로 전문적인 자기 분야를 만든다

    자기관리에 치밀하고 섬세하며 개성을 드러내기보다는 주변 분위기를 맞추려고 하나 대담한 지도력은 다소 부족하다. 오랜 시간에 걸쳐서 전문적인 자기 분야를 만들어내며 능력 발휘를 한다. 모험과 위험보다는 안정을 선호하며 행동을 함부로 하지 않고 언행이 일치하는 편이다. 또 학자적인 기품이 강하고 사회적인 명망을 중요시한다. 자기관리를 충실하게 하며 자신만의 영역을 구축하고자 노력한다. 도를 닦는 사람, 종교인, 승려로 출세하는 사람도 많다.

    직업에는 포용력이 있고 대인관계 기술이 필요한 회사원, 공무원 또는 법원속기사, 인쇄업자, 법무사, 문방구점, 외교관, 부동산, 하숙집, 서비스업, 중개업 등에 종사하는 사람들이 많다.

촉촉한땅
재물운

저축 의지가 강하며 계획적인 살림살이를 한다

굉장히 신중하며 돈을 쓰는 것보다 어딘가에 숨겨 두는 일에 능하다. 따라서 저축액이 많고 계획적인 살림살이를 한다. 저축한 돈이 꽤 많아질 때까지 절대 돈 자랑을 하지 않는다. 모험이나 투기에는 철저히 담을 쌓고 오직 수익이 확실한 일에만 손을 대며 거금을 투자하는 일이나 큰 이익을 꾀하는 일도 잘 하지 않는다.

타인의 금전 대출이나 빚보증 요청을 단호히 거절한다. 이해타산적인 처세술과 저축해야 한다는 확고한 의지를 지녔으며 평소의 생활도 근검, 절약하는 유형이므로 경제적으로 균형 잡힌 생활을 한다. 현실적이고 안정된 경제관념을 가지고 있으나 재테크에 관심이 많아 때로는 무모한 투자를 하기도 한다. 또 명분이 분명한 일에는 돈을 쓰는 것을 아까워하지 않는다.

촉촉한땅
건강운

비장 계통과 알레르기성 질병에 신경 써야 한다

　비장, 배, 입, 입술, 잇몸, 맹장, 췌장 등의 신체 부위를 나타낸다. 그리고 질병도 역시 비장 관련 병, 맹장 등이 해당한다. 다소 겉으론 약해 보이는 체질이지만 의외로 병에 대한 저항력이 강한 편이라고 할 수 있다.

　다만 장이 약하므로 장염과 간이나 신경통에 주의하면 장수의 행복을 누릴 것이다. 또 잘 체하거나 당뇨, 알레르기, 만성체증이나 비염을 주의하는 것이 좋다.

촉촉한땅
애정운

사랑에 대해 신중하며 섬세한 보살핌이 매력적이다

본래 자신의 감정을 드러내 놓고 표현하지 못하는 성격이다. 그래서 좋아하는 사람이 나타나도 확실하게 마음을 전하지 못하고 속으로만 신중하게 상황을 판단하면서 적절한 때를 기다린다. 즉 이들의 소극적인 태도가 주변 사람들에게 측은지심을 갖게 만들거나 오히려 상대방이 적극적으로 행동하게 하는 요소가 되는 것이다. 의외로 이성친구가 많거나 애인이 쉽게 생기는 이유는 이 때문이다. 이렇게 사람들을 은근하게 끌어당기는 타고난 성향을 가지고 있으며 차분하고 신중해 보이는 모습이 이성에게 매력으로 작용한다.

시대에 뒤떨어져 보이고 답답하게 느껴지지만 성실함과 알뜰함, 지혜와 섬세한 보살핌을 상대에게 쏟아 감동을 준다. 영리한 머리와 현실적인 감각이 있으며 섬세한 기질을 소유하여 자신의 배우자를 잘 선택한다.

촉촉한땅
남자의 특징

자부심이 강하며 신비로운 것에 대해 관심이 많다

천성이 착하고 자부심이 강하며 매사에 자신감이 넘친다. 그리고 똑똑하고 야무지며 타산적이고 이기적인 면도 있다. 우월감이 있어 미련한 사람을 깔보는 경향이 많지만, 이왕이면 자기보다 경제, 지위, 명망이 있는 사람과 사귀려고 한다. 신앙심이 두텁고, 호기심이 있어서 신비로운 것에 대한 관심이 많고, 자신이 그런 일에 참여하길 좋아한다. 남이 전혀 이해하기 힘든 기괴한 취미도 갖고 있다. 짜고 인색하지만 필요하다고 생각하면 과감하게 선심을 베풀고, 건강, 명예나 취미에는 돈을 아끼지 않는다.

이성교제는 한 사람으로 만족하지 않는 경향이 있다. 바람둥이 같으나 바람이라기보다는 다가오는 여자면 그것을 놓치지 않으려는 일종의 소유욕과 지배욕이다. 여자를 대하는 태도가 보수적이며 이기심 때문에 가정생활을 소홀히 할 수도 있다.

촉촉한땅
여자의 특징

지혜롭게 실속을 챙기는 알뜰살뜰 타입이다

가정에 대한 신념이 분명하며 알뜰하고 절약을 잘한다. 다소 신경질적이지만 재치가 번득이며, 무척 총명하고 약고 깜찍하다. 윗사람에게 공손하고 예전 것이라도 좋은 것은 취하고 지금 일반적이라고 하더라도 취하지 않을 것은 버린다. 명분을 존중하므로 남의 눈을 고려하여 비난받을 만한 일은 하지 않는다. 한편 자기 남자에게 정도 이상으로 간섭하려는 경향이 있다.

특히 명예나 이익 관리에 지혜롭고 실속을 잘 챙기며 대인관계에서의 처세술이 뛰어나다. 다소 이중적인 태도를 지녀 사람을 대할 때, 그 누구든지 앞에서는 상대를 치켜세워 주고 비위를 맞춘다. 즉 자신에게 유리한 사람에게는 자세도 낮추고 겸손하여 그의 호감을 사려고 노력하지만 그렇지 않으면 사귀지 않는다.

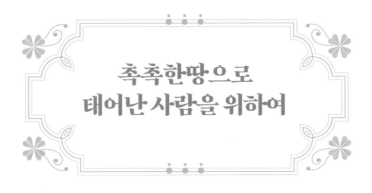

촉촉한땅으로
태어난 사람을 위하여

이런 매력을 인지하자

말수는 적지만 말을 잘하고 표현력이 좋다.

착실하며 순리대로 적응을 잘한다.

치밀하고 자기관리가 철저하다.

대체로 말과 행동이 일치한다.

자기주관은 강하나 다정하고 친절하다.

이런 성격은 주의하자

자신의 속마음을 잘 드러내지 못한다.

마음이 약하여 상처를 잘 받는 편이다.

한번 틀어지면 다시는 보지 않는다.

다른 사람의 조언을 잘 듣지 않는다.

의심이 있고 욕심이 많다.

타인을 냉철한 시선으로 보는
마음을 가져야 한다

 콩 심으면 콩 나고 팥 심으면 팥이 난다고 생각하는, 그만큼 순수하고 부드러운 성품의 소유자다. 포용력과 사교적인 성향으로 대인관계를 원만하게 하는 장점이 있으면서 실속도 차릴 수 있으니 인생살이에 대놓고 적극적이진 않지만, 순리대로 잘 살아갈 수 있는 스타일이다. 이러한 다정다감하고 친절한 면은 순리대로 어울리는 데 좋긴 하지만, 주변 사람들에게 휘둘리는 면이 적지 않다. 그러니 때로는 대인관계에서 마음을 담대하게 먹고 약해지지 말아야 한다.

 사람들은 자신이 생각하는 대로 세상과 사람들을 바라본다. 자신의 기준으로 보니 사람들의 근본은 착하다고 생각하고 아무리 악독한 사람에게서도 연민을 느끼며 공감하고 아파하다가 또다시 악질로 변하는 상대를 보고 실망하고 회의감이 들면서 세상으로부터 멀리 떨어져서 은둔하고 싶은 마음을 갖게 되기도 한다. 세상은 그리 녹록하지 않고 당신이 세상을 보는 것만큼 따뜻하고 아름답지도 않다는 것을 가슴에 새기자.

경庚
단단한바위

의협 과감 정의 냉정 용단 의리

단단한 바위로 태어난 사람

독선적이기도 하며 매사가 칼로 자르듯이 분명하고 강한 쇠의 성질로 인해 남들에게 굽히는 것을 죽기보다 싫어한다. 또 양기의 바위쇠의 강한 오행이다 보니 사회적인 혁신을 원하고 불합리한 제도를 개선하고자 하는 데 앞장서는 선구자적인 기질을 가지고 있다. 소위 바른 소리를 잘하므로 사회생활에 어려움이 적지 않고 입신출세가 남보다 더딜 수 있지만, 꺾이지 않는 용기와 추진력, 획기적인 아이디어로 승부하여 끝내 소망을 달성한다. 정치적이지 않고 자신의 실력으로 당당하게 맞서 싸운다. 외강내유의 본심을 가지고 있어서 어려운 자, 힘없는 자에겐 동정심을 베풀고 인정도 많은 편이다. 또 자신의 가족, 사랑하는 사람들, 자기 사람에겐 한없이 인자하고 약한 면도 있으며 속정이 깊은 편이다.

의협심이 강하고 불의를 보면 참지 못하며 자신의 속마음을 내보이지 않는 완벽주의자다. 주위 사람과의 관계 형성을 위해서 일부러 노력하지 않으나 대인관계에서도 맺고 끊는 것이 확실해 사람들이 좋아한다. 남자의 경우 여자가 잘 따르나, 여자는 이성과의 충돌이 잦다고 할 수 있다.

단단한바위
직업운

기획, 관리 능력을 발휘하는 분야가 적합하다

성격이 계획적이고 일 처리가 확실하며 불의와 타협하지 않는 정의감이 있다. 더불어 완벽주의 기질이 있어서 스트레스가 많고 기획력과 관리, 통제능력이 뛰어나다.

직업으로는 결단력이 있고 완벽하게 정해진 규칙에 따라 일을 수행하는 직업인 군인, 경찰, 회사원, 승무원 또는 운동선수, 군인, 운전기사, 파일럿, 통신사, 기관차 운전사, 사회운동가 등이 적성과 맞는다고 볼 수 있다.

단단한바위
재물운

돈 모으기에 급급하지 않으며 큰돈에 중점을 둔다

단단하고 강한 쇠처럼 직선적인 성격이므로 재산을 이리저리 돌려가면서 늘려가거나 돈을 위해 고개를 숙이는 일이라면 질색으로 싫어한다. 돈을 모으기에 급급하거나 구두쇠 타입이 되어 몰래 숨겨 두는 사람이 아니다. 그래서 큰 부귀를 얻거나 누리기는 힘든 면이 있다. 그러나 생활이 곤란하지 않을 만큼의 재산은 보유하며 자신에게 모아진 돈이 있으면 어려운 이웃을 위해 선뜻 내놓거나 빌려주는 자비심도 많다.

작은돈에 집착하지 않고 큰돈을 원하나 그렇다고 부정한 방법으로 돈을 벌려고 하지 않는다. 현실적인 것에 관심이 많고 원하는 것에는 과감하게 지출을 한다.

단단한바위
건강운

폐와 뼈 계통의 질환에 평소 관심을 두자

피부, 뼈, 대장, 척추 등의 신체 부위를 표현하고 있고, 질병은 대장염, 피부병, 골수염, 호흡 질환 등이 있고 폐병, 소아마비, 골절 등도 관련된 질병이다.

기본적으로 튼튼하고 강한 근육 체질이지만 허파나 뼈와 관련된 질환에 주의해야 큰 액을 피할 수 있다. 또 장염이나 폐렴, 류머티즘에도 신경을 쓰는 것이 좋다. 골절이나 신경통, 피부질환이나 만성설사, 기관지와 축농증, 치질을 주의하는 것도 잊지 말자.

단단한바위
애정운

뛰어난 감정 절제와 의리 있는 사랑을 한다

단단한바위로 태어난 남자는 강인함과 남성적인 용기, 절도 있는 자세와 단단해 보이는 체격을 가져 강한 남자의 표본이다. 따라서 여자들에게 인기가 많고 애정문제로 인한 곤란은 그다지 없는 편이다. 스스로 감정을 잘 절제하고 공과 사를 구분하기 때문이다. 자신의 가족들에겐 한없이 너그럽고 따뜻한 모습을 보이므로 가정을 화목하게 이끈다.

여자들은 강한 개성과 분명한 성격에 자신의 주관이 확고하고 바른 소리를 잘한다. 또 자기 생활에 신념이 강하고 계획이 확실하여 사치를 하거나 이성관계를 복잡하게 갖는 일이 없다. 또 사랑도 의리로 보며 지키려고 하고 매사 도리에 맞게 행동한다. 상대에게 무심한 듯 보이나 속정이 깊고 따뜻한 마음과 배려심을 가지고 있으며, 평생 다른 상대에게 흔들리지 않는 일관성과 순정을 지녀 함께하는 인연에게 마음의 평안을 줄 수 있다.

단단한바위
남자의 특징

전형적인 남성상으로 외강내유 타입이다

사회에서는 누구에게도 굽히지 않고, 특히 강인성이 얼굴이나 외모에서도 나타나 남이 함부로 깔보지 못한다. 그러나 속이 무르고, 누가 집요하게 대들면 쩔쩔맨다. 외강내유外剛內柔라 겉보기는 억세고 성깔이 대단해 보이나 내면은 마음이 약해서 차마 모진 일을 못 한다. 일찍 성공하지는 못하나 목표를 세우면 온갖 어려움을 극복하고 기어코 달성하고야 만다. 그만큼 끈기와 추진력이 대단하다.

기발한 아이디어를 창출해서 남이 생각조차 하지 못하는 일을 용케 성취한다. 결점이 있다면 입바른 말을 잘해서 괜한 적을 만드는 수가 있고, 무모한 일을 잘하며 매사를 자기 판단만 고수하고 남의 충고를 받아들이지 않으며, 자기과시를 하려다가 허점이 드러나기도 하고, 독선적이란 평을 들을 가능성이 있다. 강한 자에 강하고 약한 자에 약하며, 특히 여자에게 약하다.

단단한바위
여자의 특징

자기 생각이 확실하고 바른말을 잘한다

특히 주체성이 분명하여 분위기에 흔들리지 않고 감언이설에 잘 넘어가지 않는다. 명분이 서지 않는 일은 설사 유혹에 이끌릴지라도 절대 행하지 않는다. 이상보다 현실에 충실하며 시대의 흐름에 민감하다. 바람기가 있는 것 같으면서도 방종하지 않고, 사치와 허영에 빠지지 않는다. 자기관리에 철저하여 감정에 치우쳐 실수를 범하는 일이 별로 없다. 자기 기준이 철저하지만 넓은 이해심을 발휘하기도 한다.

연인에게 지나치게 간섭을 하거나 일정을 일일이 알아야 마음을 편하게 먹는 타입도 아니다. 남자가 자기 일에 몰두할 수 있게 만들어주는 아량을 가지고 있다. 다만, 남이 어떻게 생각하든 고려하지 않고 입바른 말을 잘하고, 남편의 바람기를 용납하지 않는다. 또 성격이 매우 억세고 사납고 너무 똑똑하여 남편을 공처가로 만들기 쉽다. 혹 남편이 잘못을 하면 그것을 눈감아 주지 못하는 스타일이기도 하다.

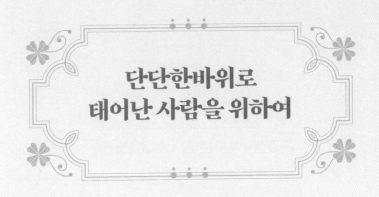

단단한 바위로
태어난 사람을 위하여

이런 매력을 인지하자

결단력이 있어 바로바로 실행에 옮긴다.

책임감이 강하며 사리분별력이 있다.

대체로 부지런하고 빠릿빠릿하다.

정의롭고 바른말도 잘한다.

머리가 좋고 자존감이 높다.

이런 성격은 주의하자

자기주장이 강하여 화합이 어렵다.

남의 조언을 잘 듣지 않는다.

때로는 자기 잘난 맛으로 산다.

독자적으로 판단하고, 논쟁을 좋아한다.

대인관계에서 만족감을 얻으려고 한다.

자기주장의 강도를
조절하는 유연성을 보이자

완벽주의적인 성향이 강해 한번 일을 시작하면 규칙에 따라서 단계적으로 끝까지 마무리를 잘한다. 하지만 완벽주의의 단점이라고 한다면 모든 것들이 완벽하게 세팅이 되어 있지 않다거나 이것을 시작해서 완벽하게 할 수 있는 상황이 아니라면 아예 시작도 하지 않고 어중간한 중간 상황도 만들지 못한다는 것이다. 모든 일을 완벽하게 하면 좋겠지만 불완전하더라도 일단 조금씩이라도 시작하는 것이 장기적으로 봤을 때는 좋을 수 있다. 그런 완벽에 대한 강박 때문에 자신이 세운 원칙에 자신을 몰아넣고 그렇게 못 할 경우 심한 자책감이나 우울감을 가지게 된다면 그것도 건강하지 못한 모습이 되는 것이다.

또 의리와 책임감이 있고 자기 사람을 잘 지켜 나아가는 것은 장점이나 자신과 가족 또는 다른 사람들에게 지나치게 자기주장을 밀어붙여 미움을 사는 면이 있다. 사람과의 관계에서도 끝장을 보려고 하는 마음가짐을 가지고 있고 이러한 자신의 천성에 맞게 사는 것이 좋을 수는 있으나 소중한 인연에 대해서는 자기주장의 강도를 조절해보는 것을 적극 권한다.

신辛
날카로운 금속, 보석

치밀 분석 섬세 단순 현실 기억

날카로운금속, 보석으로 태어난 사람

날카로운금속의 기운은 거대한 철강이나 산업현장의 쇠붙이 종류가 아닌 금이나 은, 보석 따위의 섬세한 쇠의 성질로 분류될 수 있다. 여성적인 미남형 또는 미인형으로 굉장히 우수에 찬 용모와 성격을 가지고 있어 남녀 모두 이성을 끄는 매력이 넘친다. 호감이 가는 외모에 성격이 모나지 않으며 매너와 격식을 갖춘다. 대인관계가 원만하고 부유한 분위기를 풍기며 주변 환경을 항상 깔끔하게 정리하고 살아간다. 다만, 인내심이 부족한 편이고 의지가 약하여 큰일을 성취하려면 많은 시간과 노력이 필요하고 현실 감각과 추진력이 미약한 것이 단점이다.

한편으론 냉철하고 계획적이며 자기애가 남달리 강하다. 사람 자체가 냉정하고 깨끗하다. 총명하고 지혜롭고 현명하나 까다로운 성격이다. 이러한 성향으로 일을 하는 데 있어 체계적으로 진행하여 완벽하게 해낸다. 이성이 많이 따르기 때문에 결혼 전에 편력이 많아지고 결혼 후에도 자유로운 연애를 꿈꾸기도 한다. 자기 자신이 최고라고 생각하며 다소 이기적인 면이 있고 자만심이 강해 사교에 문제가 있을 수도 있다.

날카로운금속, 보석
직업운

단호하고 엄격한 잣대를 요하는 일이 적성에 맞다

성격이 신중하고 치밀하며 분석적이다. 집요한 실행력을 가지고 목표를 향해 달려가는 추진력도 있다. 타협 없이 단호한 면은 일할 때 인간관계에서 마찰을 가져오기도 하지만, 본인은 크게 신경 쓰지 않는다.

직업에는 냉철하고 단호하고 엄격하게 일을 해야 하는 기술직 또는 엔지니어나 역술가, 전문직 등과 함께 명품이나 고급시계를 판매하는 직업 또는 치과의사 등이 있고 가수나 연예인도 적성에 맞는다고 볼 수 있다.

날카로운금속, 보석
재물운

경제적 안정을 중요하게 여겨 생활력을 키운다

어느 정도의 융통성을 발휘하여 돈을 관리하므로 경제적인 면에서는 풍족한 생활을 할 수 있다. 또 생활력이 강하고 안정을 선호하여 무리하게 투자하지 않고, 실속있는 금전관리를 한다. 때론 사소한 것이라도 꼼꼼하게 따지는 부분이 있어 피곤한 면이 있다.

명분이 있을 때 금전을 아끼지 않는 편이라 이해관계가 있으면 한꺼번에 많은 돈을 쓰기도 한다. 현실적인 생각이 강해 돈이 없을 경우 스트레스를 많이 받는 편이고 이런 측면이 생활력을 강하게 만들어 발전적으로 일을 하는 원동력이 되기도 한다. 한번 따지기 시작하면 상대방을 지치게 하는 면은 있으나 돈에 대한 감각이나 관리에 철저하기도 하다.

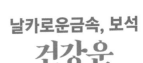

날카로운금속, 보석
건강운

기관지와 폐 관련 질병에 주의해야 한다

소장과 기관지, 폐, 음성 및 근육을 표시하며 기관지염, 후두염, 탈모증, 근육통 등의 질병이 나타날 수 있다. 대체로 마르고 약한 체질이긴 하지만 평소에 늘 건강관리에 신경을 쓰기 때문에 큰 탈은 없을 것이다. 기관지와 폐병, 피부질환과 만성설사를 주의하면 좋다.

평소 사소한 것을 끝까지 따지고, 경제적 문제를 크게 받아들이는 경향으로 인해 심적인 스트레스가 가중될 우려가 있으니 스스로 정신적 안정을 취할 수 있도록 노력하자.

날카로운금속, 보석
애정운

과거 정리가 빠르며 감성 공감으로 사랑에 빠진다

　남자는 사랑이나 이성관계를 그다지 절실하게 여기지 않고 자신의 사회적인 활동, 폭넓은 대인관계, 문화적인 취미를 갖는 일에 더 열성을 보인다. 그러나 일단 자기 마음에 드는 여자가 나타나면 오랜 시일 공을 들여서 자기 사람으로 만든다. 이런 과도한 초기 애착의 시기가 지나고 헤어지게 되면 또 언제 그렇게 몰두했는가 싶을 정도로 인연을 정리하고 발길을 끊는 냉정함도 가지고 있다.

　여자는 싹싹하고 이해심이 많은 성품에 귀티가 나는 용모이며 미인의 얼굴은 아니라도 어딘지 매력이 느껴지는 장점을 갖추고 있다. 간혹 현실적인 경제력을 생각하지 않고 상대 남자의 학문적인 지식이나 예술적인 안목에 결혼을 결심하였다가 뒤늦게 후회하는 경우도 있다. 예술을 사랑하고 예술적 또는 감성적으로 공감할 수 있는 대상과 사랑에 빠지기 쉽다.

날카로운 금속, 보석
남자의 특징

인상 좋은 외모와 삶의 멋을 추구하는 타입이다

모든 사람이 갖기를 원하는 금, 은, 보석에 비유되기에 누구든지 거부감이 생기지 않고 사귀고 싶은 타입이다. 한마디로 멋을 아는 남자이다. 자신을 높이지도 않고 거만하지도 않으며, 상대방의 귀에 거슬리는 말도 하지 않는다. 속마음을 털어놓아도 좋을 만큼 폭넓은 이해력도 있다. 다만 의지가 약하고 주관이 뚜렷하지 않은 경향이 있어, 귀가 얇고 한 가지 일을 끝까지 물고 늘어지는 인내가 부족해서 이것저것 계획을 세우고 많은 일에 손대지만 중도에서 그만두는 경우가 많은 게 약점이다.

보수적인 경향이 있어 아내가 사회활동 하는 것을 달갑게 여기지 않는 경우도 있다. 한번 사랑에 빠지면 그 여자한테 단점이 있더라도 그것을 보지 못하며 크게 상관하지 않는다. 그러나 일단 헤어지거나 상대가 자기를 헐뜯으면 냉정해져서 미련조차 두지 않는다.

날카로운 금속, 보석
여자의 특징

자기 자신을 사랑하며 이성을 끄는 매력이 충만하다

여자면서도 남자 못지않은 이해심과 아량으로 때로는 좋은 일을 위해서 다소의 손해도 개의치 않는다. 그러나 거칠거나 억세 보이지 않으며, 특별한 용모를 갖추지 않았더라도 사람을 끄는 매력이 있다. 아무리 수수한 차림새라도 야해 보이고 바람기가 있어 보이며, 부담감이 없게 느껴지는 여자이기도 하다. 그래서 남자들의 유혹을 많이 받기도 한다. 평범한 삶보다 조금 더 이상적인 생활환경과 삶의 멋을 추구하는 타입이다.

자기 자신을 사랑하며 높은 곳으로 올라가고자 하는 성향을 지녔다. 멋진 연애를 하고 싶고, 결혼 후에도 가장 호화롭고 사치스러운 삶을 살고자 할 것이다. 평범한 남자, 친절한 남자보다 의젓하고 개성이 있고 주관이 뚜렷한 남자를 좋아한다. 자신이 남자를 지배하기를 원하지 않으며, 자신을 꼼짝 못 하도록 인격과 위엄으로 훨씬 우위에 있는 남자를 남편으로 원한다.

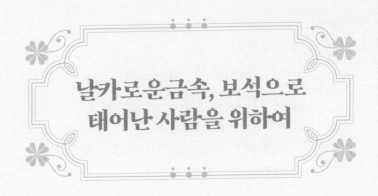

날카로운 금속, 보석으로 태어난 사람을 위하여

이런 매력을 인지하자

행동에 옮기는 실행력이 강하다.

개성이 강하고 멋을 아는 사람이다.

스스로 철저하고 조심스럽다.

자기 논리와 말솜씨가 뛰어나다.

냉철한 판단력으로 의중을 잘 읽어낸다.

이런 성격은 주의하자

실리를 중요시하고 이기적이며 예민하다.

주관적으로 생각하고 냉소적인 면이 있다.

자존심이 강하여 지는 것을 싫어한다.

다소 성격이 급하고 까다롭다.

한번 상처받으면 그 괴로움이 오래 간다.

상처와 실패를 극복하는
지혜로움을 가져야 한다

평소 냉철하고 단호하게 또 까다롭게 일을 추진하여 성과를 얻어내고 그 결과 화려하고 멋스럽게 살기를 원하는 마음이 내재되어 있다. 그래서 상처나 실패를 경험할 경우 그 사실을 인정하지 못하고 잊지 못해, 상처를 회복하는 데 남들보다 시간이 많이 걸린다. 내면적인 자만심이나 자존감도 강한 데다가 섬세하고 날카로운 면도 있으니 상처를 잘 받지는 않지만 한번 받게 되면 치명적으로 오래 남게 된다.

또 날카로운 예민함은 직관적으로 사람이나 사물을 느끼고 이해하는 통찰력으로 발휘가 되나 자칫 자기 본위의 삶을 취하면서 인간관계에서 까칠하게 보여 팍팍하게 흘러갈 수 있는 가능성도 있으니 조금 무던하게 사는 것도 좋을 것이다.

외모가 아름다우며 멋을 아는 사람이다. 이제껏 살아오면서 받았던 상처로 인해서 괴로움도 괴로움이지만, 세상을 바라보는 눈이 냉소적으로 바뀌었을 가능성이 커 안타깝다. 누구나 인생에서의 상처는 있다. 그 상처를 보듬고 치유하는 시간을 충분히 가져야 본래의 천성에 맞는 행복에 더 다가갈 수 있다.

임壬
큰물

활달 사려 희생 포용 슬기 유연

큰물로 태어난 사람

거대한 강줄기를 따라 흐르는 물의 도도함과 막힘없이 흐르는 물의 유구성은 인생의 본질을 성찰한 성자의 지혜, 진리, 철학, 이념과도 비견된다. 따라서 큰물로 태어난 사람은 홍수처럼 급하고 거친 성격과 잔잔한 호수나 강물의 흐름처럼 유연하고 순응적인 기질을 모두 가지고 있다. 물과 같이 흘러 다니는 유랑벽이 있고 법이나 도덕 규범의 불합리한 점이 있으면 적극적으로 바꾸려고 하는 성격이다. 즉 개혁과 변화를 원하는 성향으로 차고 냉철하며 자신이 정한 목표를 향해 무작정 돌진하는 스타일이다.

현실적인 어려움, 당면한 과제를 해결하고 상황을 유리하게 이끌어가는 재주와 문제를 능수능란하게 처리하는 유연성을 갖추었으며 어디에서건 사람들이 많이 따르고 형이나 언니 노릇을 잘하는 리더 스타일이다. 주의할 것은 홍수와 같은 사나움, 호수와 같은 잔잔함이 공존하는 성격이므로 한번 화를 내면 걷잡을 수 없이 난폭해져서 주변 사람들에게 비난받는 일이 생길 수 있다. 또 대인관계는 사교적이어서 무난하지만 한번 어긋난 관계는 잘 되돌리지 못한다.

큰물
직업운

창의성을 발휘할 수 있는 영역이 적절하다

보통 지적이고 창조적이며 진보적이다. 또 부지런하며 활동성이 강하고 하나의 일에 빠지기보다 새로운 변화를 즐기며 추구한다. 특히 정보 산업이나 첨단 산업, 특허 상품의 개발과 판매, 유통, 독창적인 예술창작, 획기적인 광고로 이목을 집중시킨다. 환경 적응력은 뛰어나지만, 다소 뒷심이 약하다.

직업으로는 술집이나 카페 운영, 선박, 해운업, 요식업, 무역업, 중개업 등이 적성에 맞으며 의사, 약사도 있고 끼가 많기 때문에 창의적이고 변화가 많은 분야인 연예인이나 예술 활동을 하는 경우도 많다.

큰물
재물운

돈의 흐름을 읽고 재산을 늘리는 능력이 탁월하다

　대인관계가 원만하고 넓으며 이재에 밝아 돈의 흐름과 활용 방법을 잘 알고 있다. 세상을 움직이는 돈의 흐름을 보는 통찰력이 있는 것이다. 적은 재산을 가지고도 큰돈을 벌고 부귀영화의 반열에 확고히 올라서서 성공의 기쁨을 만끽하려는 욕구가 강하다. 특히 정보 산업이나 첨단 산업에서 재물을 얻을 가능성이 높다. 그러나 자신의 명석함과 거듭되는 행운만 믿고 지나치게 사업을 확장하거나 대규모 투자나 주식 등을 통한 이익을 꾀하다간 의외의 장애를 만나 실패할 수도 있다.

　한편으론 투기나 모험적인 것을 좋아하지 않고 안정적이고 보수적인 경제개념을 가지고 있다. 또 활동적이고 부지런하여 다방면에 걸쳐 관심을 가지고 실천하여 다양한 분야에서 돈을 벌고 재산을 만들 수 있다.

큰물
건강운

생식기 계통의 질환에 유의해야 한다

큰물이 나타내는 신체 부위는 방광, 생식기, 월경, 자궁, 종아리 등이며 관련 질병은 방광염, 신장질환, 월경불순, 자궁암, 성병 등의 각종 생식기질환이 해당한다.

큰물로 태어난 사람들은 성적인 에너지가 과도한 측면이 있으므로 평소 절제 있는 생활을 해야 건강을 지킬 수 있다. 특히 성병이나 생식기 계통의 질환에 주의하고 수기가 왕성하므로 신장병도 유의해야 한다. 또 당뇨와 혈압, 혈액순환이나 방광염의 질환에도 신경 쓰는 것이 좋다.

큰물
애정운

남자는 여복이 여자는 남자복이 있다

　　남자는 매력적인 외모와 우수 어린 표정을 지닌 경우가 많으며 분위기를 중시하여 플레이보이 기질이 다분하다. 또 고백해 오는 여자들이 많아 지키지 못할 사랑의 언약을 남발하고 다니기 쉽다. 스스로 애정관계를 깔끔하게 정리하고 후회할 만남은 가지지 않는 것이 상책이다. 자칫 잘못하다가는 여러 여자에게 원망을 사며 유망한 앞길을 망칠 수도 있다.

　　여자들은 세련되어 보이는 표정과 매너로 인기를 한 몸에 차지한다. 따라서 수줍음을 타거나 내성적인 여인의 이미지와는 다소 차이가 있다. 이렇게 시원한 성격으로 사교계의 중심인물이 되거나 유능한 사회활동가로 명성을 쌓는다. 또 대인관계나 이성관계에도 개방적이고 적극적이므로 다양한 유형의 사람들과 사귀며 정열적인 사랑을 불태우기도 한다. 남자는 여복이, 여자는 남자복이 있는 편이다.

큰물
남자의 특징

환경과 분위기에 따라 적절한 처세술을 잘한다

물은 지형에 따라 흐르는데 경사가 급하면 급하게, 완만하면 느리게도 흐르며, 장애물이 있으면 서둘지 않고 돌아서 가야 할 곳으로 흘러간다. 그러나 한꺼번에 폭우를 만나면 범람하여 옆길로도 흐르고 제방을 무너뜨리며 걷잡을 수 없이 사나운 횡포를 부리기도 한다. 이런 물의 특성이 있어서 성격이 급할 때는 불같이 급하고 느릴 때는 한없이 느긋하여 급한 사람인지 느린 사람인지 알 수가 없다. 단, 분명한 것은 환경과 분위기에 따라 적절한 처세를 잘한다는 것이다.

자기 잘못에 대해 슬기롭게 대처한다. 성질이 나기 전에는 사람이 좋고, 자기 손해도 불사하면서 후한 인심을 베풀지만 한번 성질이 나면 위아래나 예의 따위는 무시하고 자기 성격대로 행동하는 과격파이기도 하다. 실속보다 체면, 가정보다 사회에 비중을 두어 아내는 불만스럽고 좀 짜증이 날 수도 있다.

큰물
여자의 특징

여성스러우면서도 대범하고 사업 수완이 좋다

성깔도 있고 억센 듯하지만 여자가 갖추어야 할 애교와 매력도 있으며, 웃는 모습이 자연스럽고 웃을 때 입 모양이 예쁜 여자가 많다. 여성스러우면서도 과감하며 남에게 의지하지 않고, 웬만한 일은 스스로 해결하며 무슨 일에나 태도가 분명하다. 혹 낭만적인 여자도 있어 기분에 따라서는 씀씀이가 크기도 하지만 계획 없는 낭비는 하지 않는다. 자신을 위해서는 절약성이 대단해도 써야 할 일이면 손이 크다는 평을 들을 만큼 멋지게 쓰는 타입이다.

사회활동을 좋아하고 사업 수완이 대단하여 큰 성공을 거두는 여자들도 많다. 남편을 이끌려 하고 시시한 남자를 깔보는 경향이 있으나, 일단 결혼한 뒤에는 남편의 능력 여하를 막론하고 아내로서의 본분을 다한다. 또 억세고 팔팔한 듯하면서도 명분을 존중하여 도리에 어긋나는 행동은 하지 않을 것이다.

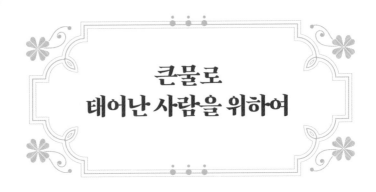

큰물로
태어난 사람을 위하여

이런 매력을 인지하자

다재다능하며 늘 변화를 추구한다.

항상 실천하고 부지런하다.

기획력이 뛰어나고 머리가 비상하다.

대범하며 단순한 것을 좋아한다.

타인에게 솔직하고 사려가 깊다.

이런 성격은 주의하자

자기 위주로 생각하며 충동적이다.

말하기와 나서기를 좋아하고 허세가 있다.

앞서서 일을 추진하나 뒷심이 부족하다.

변덕이 심해 가까운 사람이 피곤하다.

대체로 권모술수에 능한 편이다.

주변 사람들이 편안할 수 있도록
배려해야 한다

성격이 창조적이고 적극적이며 에너지가 넘친다. 그러니 그 에너지를 본인 스스로도 주체할 수 없어 한 가지 생각이나 일에 머물지 못하고 다양한 곳에 관심을 두고 움직이며 성과를 낸다. 호기심과 새로운 것에 대한 동경도 강하니 항상 새로운 사람을 만나고 새로운 곳으로 주기적으로 여행을 다니기 쉽다.

사람을 끄는 매력이 있어 사람들의 무리 속에서 더 빛나고 리더로서 사람을 끌어주고 챙겨주는 능력도 남달라 많은 사람이 따르고 함께하지만, 다소 실속이 없을 수 있으며 사람들이 피곤하게 여길 수도 있다. 또 많은 사람을 만나면서 정작 가장 가까운 가족들에게 소홀하게 되기 쉬우므로 주의가 필요하다. 자신의 주체하기 힘든 에너지를 발산하기 위해 다양한 사람들과 어울리지만, 결국 자신의 마음에 평안을 주고 안정을 들게 해주는 근본은 가장 가까운 가족과 친구들임을 잊어서는 안 된다. 그러니 그들이 지치지 않도록 편안함을 주고 보다 많은 시간과 에너지를 할애하는 것이 더 좋아 보인다.

계癸
옹달샘

겸손 민감 분별 소극 냉정 준법

옹달샘으로 태어난 사람

옹달샘의 작은물은 지하수처럼 겉으로 드러나지 않는 물의 성격을 갖는다. 따라서 밖으로 드러나지 않는 곳이나 일에서 누구보다 성실하게 처리해 나간다. 여러 방면의 지식을 습득하거나 취미가 다양하여 사람들에게 팔방미인이라는 소리를 듣는다. 사물과 현상을 올바로 판단하는 데에 결정적으로 필요한 통찰력을 갖고 있어서 군대라면 작전참모 역할, 기업체는 회장 비서실이나 비서실 최고 책임자로 능력을 발휘할 수 있다. 성품은 자존심이 강하고 불같이 폭발하는 면이 있으나 평소 타인을 존중할 줄 알고 인내심도 있어서 무모한 행동은 하지 않으며 자신의 마음을 잘 드러내지 않으므로 좋은 사람들과 교류하며 무난한 사회생활을 영위한다.

자기 사람에 대한 애정이 남다르며 자기 것을 확고하게 지키려고 한다. 또 냉정하고 계산이 빠르며 자존심이 강해 남에게 지는 것을 싫어한다. 자신과 자신의 가족을 위해서는 잘해주려는 목적을 달성하려 한다. 아는 것 많고 자존심도 강해 모든 일을 자기주관대로 진행하지만, 사람과의 협상에는 능숙하지 못하다.

옹달샘
직업운

차분하게 조언하는 서포트 역할을 잘 수행한다

보통 크고 화려한 것보다는 실속있고 빈틈없이 내실을 기하는 것을 원한다. 그러니 적극적인 리더보다는 참모나 비서의 역할이 어울린다. 또 차분하게 조언을 잘하고 비밀스러운 이야기를 즐긴다. 비교적 활동적인 직종보다는 사무직, 교육자 등에 적합한 타입이다.

직업으로는 조용하게 응용하고 지식을 필요로 하는 연구직이나 기자, 회사원 또는 술집이나 카페 운영, 숙박업, 목욕탕, 부동산 관련 업, 요식업이 있으며 승려나 작가도 적성에 맞는다고 볼 수 있다.

옹달샘
재물운

저축도 하고 부수입도 챙기는 금전적 실속파이다

물의 흐름은 곧 돈이나 경제 가치의 흐름과 동일시된다. 사람들의 생명줄인 물의 흐름과 사람들의 생활을 위해 가장 중요시되는 돈의 흐름은 어떤 면에서 비슷하다. 더구나 음기의 물이므로 돈을 잘 저축하고 관리하는 장점을 갖고 있다. 또 주요 수입원에 못지않게 임대료나 부업으로 얻은 돈도 많아서 풍족한 삶을 만들어 나간다.

큰 욕심을 부리지 않고 조금씩 돈을 모아가는 실속파이다. 정확하고 확실한 계산을 좋아하고 내 것과 아닌 것에 대한 분명한 태도를 취한다. 현실적이고 경제관념이 꼼꼼한 편이다. 기본적으로 투기적이기보다는 안정적인 경제생활을 추구한다.

옹달샘
건강운

비뇨기, 신장 계통을 주의해서 관리하는 것이 좋다

옹달샘으로 태어난 사람은 신체와 질병에 있어서 큰물과 큰 차이가 없으나 좀 더 작은 부위를 상징한다. 신장, 방광, 생식기 등을 나타내며 질병은 신장염, 방광염, 생리불순, 성병 등의 질환이다. 또 혈압, 혈액순환 장애, 비뇨기, 신장을 주의해야 한다.

옹달샘의 작은물로 태어난 사람은 남녀를 막론하고 성적인 에너지와 욕구가 누구보다 강한 편이므로 미혼일 때나 결혼한 후에나 문란한 애정관계가 되지 않도록 조심해야 한다. 음기의 물이므로 성적인 욕구가 강하고 끈질긴 면이 있다. 자칫하다가는 정도를 넘는 욕망을 갖게 되는 수도 있으므로 감정적인 절제가 필요하다.

옹달샘
애정운

모성본능을 자극하며 일편단심 타입이 많다

남자들은 다소 나약하고 소심한 면모를 가지고 있다. 지하로 흐르는 물이기에 숨겨지는 것이 많고 겉으로 표현하지 못하는 면이 많기 때문이다. 이런 우유부단한 소심함이 여자의 모성애를 자극하여 오히려 여복이 길할 수도 있다. 이들은 결혼하면 사업을 무리하게 벌인다든가 부인과 상의 없이 독단적으로 일을 처리하는 성격이 아니므로 비교적 평탄한 가정을 꾸려간다. 자녀에게 다분히 권위적인 가장의 존재를 부각하는 면도 있다.

여자는 내성적이고 온순하며 차분한 성품이지만 극단적인 애정관을 가지고 있기도 하다. 즉 이들은 한 사람을 좋아하면 일편단심의 순정으로 그 사람의 허물까지도 사랑하며 설사 상대가 다른 사람을 좋아하는 낌새를 눈치채도 이해하려고 애쓰는 타입이다. 큰 배신을 당해 상처받은 경우, 죽을 때까지 잊지 않고 한으로 남아서 떠나간 남자를 증오하면서 살게 되는 경향이 있다.

옹달샘
남자의 특징

팔방미인으로 볼수록 인간적인 매력이 있다

남을 대하는 매너가 좋고, 남의 귀에 거슬리는 말을 잘하지 않으며 상대방의 인격을 존중한다. 자존심이 무척 강해도 자신을 낮추고 남을 높이며, 성격은 불같이 급하면서도 거칠거나 무모한 짓을 하지 않는다. 특별한 사람을 제외하고는 대개 모든 면에 상식과 재능이 있어서 팔방미인이란 별명을 듣는 사람이 많다. 사교활동보다는 자신의 내면 성찰에 더 관심이 많다. 원치 않는 술자리에 끌려가는 것을 싫어하고, 자기만의 시간을 즐길 줄 알며, 관심이 대인관계 같은 외부에 있기보다는 자신의 내면이나 안정적인 삶에 쏠려 있다. 바로 친해지기는 어렵지만, 속정이 있어서 오랜 시간 두고 볼수록 인간적인 매력이 있다.

겉보기와 달리 내면은 이기적이고 냉정하며 가정적으로 책임감이 부족한 사람이 있는가 하면, 다정다감하여 아내나 자식에게 깊은 애정을 쏟는 상반된 두 가지로 분류할 수 있다.

옹달샘
여자의 특징

한결같은 순정과 헌신적인 봉사정신을 지녔다

수줍음이 많고 한결같은 감정을 줄 수 있는 순정과 일관성이 있다. 희생정신과 봉사정신, 순정, 진실 등을 다 갖춘 사람이 바로 옹달샘의 여자이다. 한 사랑을 끝까지 지키고자 하는 순정이 남다르다. 한번 누군가를 사랑하면 다른 이성은 눈에 잘 들어오지 않고 상대를 위해 헌신적인 사랑을 할 수 있는 타입이다. 교제 중에 남자가 마음이 식거나 혹은 다른 여자를 만나도 쉽게 단념하지 않는다. 상처받을지라도 한번 마음을 주면 끝까지 그 사랑을 지키려고 노력하는 순정이 있다.

사람이란 누구든지 자기가 진정으로 사랑한 사람에게 배신을 당하면 충격이 큰데, 다른 여자에 비해 몇 배나 더 큰 충격을 받는 경향이 있다. 더 나아가 자포자기에 빠지게 될 가능성도 높으니 유의해야 한다. 또 질투도 강하고 자존심도 강하며, 정신적, 육체적 신경이 남달리 예민하다.

옹달샘으로
태어난 사람을 위하여

이런 매력을 인지하자

계획적이고 두뇌가 총명하다.

온순하고 합리적이며 지혜롭다.

섬세하고 침착하며 치밀하다.

현실적이고 적응력이 좋다.

차분하고 조용하게 책임감을 갖는다.

이런 성격은 주의하자

의지력이 약한 편이며, 비밀이 많다.

수단이 약하고 지나치게 예민하다.

감성적이며, 감정 기복이 심하다.

인정이 많으나 남에게 속기 쉽다.

사랑의 배신에 복수심을 갖는다.

자신을 지탱해주는
전문 분야를 지녀야 한다

사람들과 어울리고 함께 있기보다는 조용히 내면에 관심을 가지는 성향이 강하다. 다정하고 지혜로우나 자신이나 가족이 힘든 상황이 되면 갑자기 변하여 한순간 크게 폭발하는 이중적인 면이 있기도 하다. 손해 보는 일을 잘하지 않고 무모한 일도 벌이지 않으니 인생에서 큰 사고를 치는 일은 없겠지만 모든 일에서 조금이라도 손해를 보지 않는다거나 모든 것은 공평하게 나눠야 한다고 생각하는 치밀한 사고방식은 때로는 주변 사람을 숨 막히게 할 수도 있다. 인생은 조금 손해를 보기도 하고 도움을 받기도 하는 것이기 때문이다.

하지만 옹달샘의 작은물로 태어난 사람은 타인에게 아쉬운 소리를 하는 데 익숙하지 않아 자신이 그런 어려운 상황이 되지 않기 위해서 하나하나 모든 순간에 준비하고 대응하고 있는 것인지도 모른다. 섬세하고 차분하게 자신의 일을 묵묵히 해나가지만, 사람들과의 관계 속에서 속기 쉽고 이용당하기 쉬운 면이 있으니 보다 전문적인 자기 분야의 일을 가지는 것이 좋으며, 그렇게 해야만 혼자 남겨질 수 있을 것 같은 미래에 대한 불안감도 떨쳐낼 수 있다.

운BTI에서의 음과 양

1단계의 일간을 기준으로 음과 양을 판단하며, 추가적으로 연, 월, 시에 아래 10가지 기운 중 음과 양 어떤 기운이 많은지 살펴보고 보완하여 해석한다.

음의 날에 태어난 사람					양의 날에 태어난 사람				
을 작은 나무	**정** 작은 불	**기** 촉촉한 땅	**신** 날카 로운 금속, 보석	**계** 옹달샘	**갑** 큰나무	**병** 큰불	**무** 넓은땅	**경** 단단한 바위	**임** 큰물

마이너스(-)기운이다. 관심이 내면으로 향해있다. 온순하고 부드러우며 얌전하고 예의 바르고 참을성이 있다. 또 차분하고 가정적이며 절약하고 양보하는 미덕이 있고 세심하고 안전과 안정을 추구하여 모험, 투기 등을 좋아하지 않고 언행이 단정한 성향이 있다. 단 내성적이고 자립심, 결단력이 약하고 어려움을 극복하는 강인성이 부족하며 의존적이다. 또 보수적이며 좀 소극적이고 의심이 많으며 집요하고 겁이 많아 배짱이 없는 등의 성향도 있다.

자기 내부에 에너지를 집중하여 내부 세계에서 에너지를 충전한다. 바깥 세계보다는 내적 세계를 지향하여 자신의 생각이나 이념, 개념에 더 관심을 둔다. 관념석인 사고를 좋아하고 혼자 있거나 자기 내면에서 일어나는 것에 의해 에너지를 얻고 주로 생각을 하는 활동을 좋아한다. 조용하고 신중하며 글로 표현하고 이해한 후에 움직여서 경험하려고 한다.

플러스(+)기운이다. 관심이 외부로 향해있다. 개방적이고 활동적이므로 가정적이라기보다는 사회적이고 남에게 의존하려 하지 않으며 독립성이 강하다. 또 부지런하고 솔선수범하며 강하고 배짱과 결단성이 있으며 용맹스런 성향이 있다. 반면에 섬세한 사고력이 부족하고 침착하지 못하며 양보심이 적고 자신감, 자부심이 지나치고 개혁을 좋아하고 급하며 단순하고 낭비하며 무모한 면이 있다. 또 모험심이 강하고 남을 지배하려고 하는 성향이 있다.

외부에 에너지가 집중되어 외적 자극에서 에너지를 충전한다. 외부 세계를 지향하고 인식과 판단에 있어서도 외부 사람이나 사물에 초점을 맞춘다. 또 바깥활동을 통해 에너지를 얻는다. 충동적으로 사람을 만나며 솔직하고 사교성이 많고 대화를 즐긴다. 적극적이고 활동적이며 말로 표현하고 일단 움직여서 경험한 후에 이해하려고 한다.

3단계.

십성

태어난 날짜

주변 글자로

자신을 알아보기

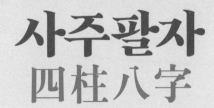

사주팔자
四柱八字

사주팔자四柱八字는 4개의 기둥과 8개의 글자를 뜻한다. 한 사람의 태어난 연, 월, 일, 그리고 시간이 4개의 기둥四柱이 되고 그 기둥 한 개마다 2개의 글자가 붙으니 합이 8개의 글자가 되어 팔자八字가 된다. 바로 이 8개의 글자가 복합적으로 작용해 한 사람의 운명과 성향을 결정 짓게 된다.

태어난 날짜일의 첫 번째 글자를 중심으로 주변 7개 글자와의 관계를 보고 타고난 성격을 보다 정확하게 파악해볼 수 있다. 이 남은 7개의 칸에는 10개의 타고난 기질의 글자가 들어갈 수 있는데, 같은 글자 수가 많다면 그 기질이 강하다는 의미이며 없는 글자는 그 기질이 약하다는 뜻이다. 또 태어난 날짜 칸의 첫 번째 글자와 가까이 있으면 그 기질은 더 강하다고 볼 수 있다.

이 10개의 타고난 기질, 십성을 나열해보면 자존심, 경쟁과 승부욕, 연구와 분석, 사교성과 표현력, 관리와 통제능력, 꼼꼼함과 안정, 희생과 참을성, 합리성과 명예욕, 부정수용과 의심, 직관력과 정이다. 이를 사주 명리학적 용어로 정리하면 비견, 겁재, 식신, 상관, 편재, 정재, 편관, 정관, 편인, 정인이 된다.

관리와 통제능력
편재

사교성과 표현력
상관

연구와 분석
식신

경쟁과 승부욕
겁재

자존심
비견

시時	일日	월月	연年
癸 편인		壬 정인	丙 상관
未 편재	巳 상관	辰 정재	寅 겁재

직관력과 정
정인

부정수용과 의심
편인

합리성과 명예욕
정관

희생과 참을성
편관

꼼꼼함과 안정
정재

비견 - 자존심

● 비견은 자존심으로 표현될 수 있으며 사람을 상징하고 대인관계를 주관한다. 한마디로 고집과 자존심이 강해 자신이 원하는 일을 해야만 만족하고 사람과의 관계에서 자존심이 상하는 경우가 많아 인간관계에서 스트레스를 받기 쉬운 기질을 말한다. 다른 사람의 이야기를 듣기보다는 독단적으로 판단하고 진행하는 경우가 많고 하고 싶다가도 같은 일로 남에게 지시를 받으면 딱 하기 싫어지는 청개구리 기질이기도 하다.

● 비견이 있거나 많으면 다른 사람과의 협업보다는 혼자 독자적으로 일을 처리하고 그 일에 대한 책임을 지는 것이 더 적성에 맞는다. 어쩔 수 없이 상황에 의해 떠밀려 어떤 일을 억지로 하게 될 때는 그렇게 일을 만든 사람을 원망하기 쉽지만, 자기 스스로가 정해서 결정한 일에 대해서는 남다른 책임을 진다고 볼 수 있다.

● 일이 조금만 잘 풀려도 자존감이 살아나서 무엇인가를 새롭게 하려는 의욕도 금세 충만해지지만 일이 풀리지 않으면 자존감이 급속히 떨어져 심리적으로 바닥까지 경험한다. 자존심

이 강하면서 생각과 고민이 많지만, 감정표현이 잘 안 되는 성향이 합쳐진 사람은 일이 안 풀리는 상황에서 고민과 부정적인 감정이 쌓이기만 하고 표출이 안 되어 정신적으로 심한 고통을 겪기도 한다.

● 지금 어떤 일을 하고 있던 장기적으로는 자기 분야에서 독보적인 위치에 올라설 수 있도록 준비하는 것이 좋다. 무엇보다 자신이 하고 싶은 일을 했을 때 다른 사람에 비해 그 성과도 빨리 나오고 만족감도 클 수 있다. 누구나 자기가 하고 싶은 일을 할 때 행복하지만 특히 더 그렇다.

● 비견이나 혹은 겁재가 많은 사주를 군겁쟁재, 또는 군비쟁재라고 하는데 이는 사주에서 비견과 겁재가 재물인 재성^{편재, 정재}을 차지하기 위해 다툰다는 의미로 주변에서 자신의 돈을 뜯어 가려고 하는 사람들이 많으니 재물이 들어올 때 쉽게 새어나가지 못하도록 잘 관리를 해두는 것이 좋다.

● 비견이 많은 사람은 이성을 만날 때는 상대가 권위적이거나 자기주장이 강해서 주도권을 쥐려는 타입은 만나지 않는 것이 좋다. 연애할 때 상대방에게서 불만이나 불평, 또는 고쳤으면 하는 점을 지적받으면 자기 자신 자체에 대한 비난으로 받아들여 괴로워하고 견디지 못하는 면이 있다. 직업은 이름만 대면 알만한 자부심을 가질 수 있는 군, 검, 경찰, 방송국, 신문사 등도 어울린다.

겁재 - 경쟁과 승부욕

● 겁재는 경쟁과 승부욕을 의미하며 사람을 상징하고 대인 관계를 주관한다. 겁재는 비견과 마찬가지로 자존심이 지나치게 강하고 타인에게 인정받고 존중받고자 하는 마음이 강렬하여 그들을 의식하는 기질이다. 겁재가 많은 사람은 사업을 지나치게 크게 벌이다가 실패할 가능성이 크므로 자신의 그릇에 맞게 돈 관리에 주의해야 한다.

● 어차피 경쟁의 연속인 인생의 과정에서 그 누구보다도 스트레스를 많이 받을 수 있는 기질이다. 승부욕이 강하여 지는 것을 너무 싫어해 상황이 좋지 않게 흘러갈 때 반전을 하기 위해 무모하게 무언가를 한방에 하려다가 크게 실패할 수 있으니 유의하는 것이 좋다.

● 무엇보다 성공의 체험을 하는 것이 중요하다. 작고 큰 성공의 체험들이 자신을 더 강하게 만든다. 그런 성공의 자신감을 가지고 미래의 자신에 대한 이미지를 만들어 간다면 좋은 결과가 있을 수 있다. 다만, 지나치게 다른 사람의 시선에서 행복을 느끼거나 크게 좌절하는 경우도 있어 남들의 시선에서 조금 벗

어나려고 노력하는 것이 더 좋겠다.

● 누군가를 이겨서 누르고 자신을 과시하는 것으로 이 '경쟁과 승부욕' 기질을 진정으로 채울 수는 없다. 《손자병법 모공편》에 이런 말이 있다. '백 번 싸워 백 번 이기는 것을 최고라 하지 않는다百戰百勝非善之善者也, 백전백승비선지선자야. 싸우지 않고 굴복시키는 것을 최고라고 한다不戰而屈人之兵善之善者也, 부전이굴인지병선지선자야.' 어쩌면 상대방을 굴복시킬 필요도 없다. 타인과의 관계에 있어서 우위에 자리하면서 채워질 수 있는 마음이 아니다. 경쟁과 승부욕이 무의미해질 수 있는 고매한 인격과 마음의 경지에 오르는 것이 최선이다. 결국은 자기 자신의 마음의 문제이다.

● 다른 사람에게 무엇인가를 가르쳐서 상대보다 우위에 있다는 것을 즐기고 만족하는 성향이기도 하다. 하지만 아무것도 하지 않고 가르치지 않는 것이 오히려 사람들에게 영향을 미칠 수 있다. 우리가 생각하는 방식, 살아가는 태도와 사는 모습을 보고 타인이 그것을 따라 하고 싶게 만드는 것이다. 이것만큼 타인에게 긍정적이고 선한 영향을 미치는 방법은 없다.

● 공부해도 도서관에서 불특정 다수와 경쟁하면서 해야 성적도 더 잘 나올 수 있는 기질이다. 겁재는 다른 사람들이 가진 것을 자기 것으로 만들어 성공해 나가는 힘이 있다. 직업은 어떤 직종이든지 승부욕을 가지고 자신이 원하는 것을 얻어낼 때 안정이 되는 경우가 많다.

식신 – 연구와 분석

● 식신은 연구와 분석을 뜻하며 언어와 의식주를 주관한다. 하나를 파고들어 분석하기 시작하면 누가 말려도 반드시 끝장을 보고 마는 기질이다. 그 집중도와 몰입도도 강해서 주변을 돌아볼 여력도 없다. 연구원, 기자 등 궁리하고 분석하는 일에서 두각을 나타낼 수 있고, 보통 인간관계에서는 정감이 없이 따지고 파고드는 태도로 인해 자칫 관계가 팍팍해질 수 있으니 주의가 필요하다.

● 인간관계를 일의 잣대로만 분석하려고 한다면 다른 사람들이 피곤함을 느낄 수 있다. 즉 주변에 사람이 많이 없을 수 있다는 것이다. 물론 사람을 많이 두고 적게 두고 사는 것은 개인의 취향일 수도 있지만, 내 주위에 있는 사람이 당신의 분석적이고 치밀하고 막힌 성향에 대해서 딱히 말하기도 어려울 것이다. 또 대인관계에서 기분이 상하거나 괜한 소리를 들어 피곤하기도 할 것이며 조심스럽기도 하고 그냥 넘어가기도 애매한 불편함을 만들어낼 수 있다. 이러한 기질은 일간_{태어난 날짜의 첫 번째}_{글자}이 음의 성향일 경우 더 강하게 드러난다.

● 이성을 만나도 너무 지나치게 몰아붙이거나 따지지 말고 때로는 그냥 넘어가 줄 수도 있어야 그 사랑을 키울 수 있다. 굳이 이성이 아니라고 하더라도 자신의 기준이나 가치관과 맞지 않는다고 해서 상대에게 말을 쏘아붙이고 몰아붙일 필요는 없다. 우리는 각자가 모두 다른 생각을 하고 살아간다. 세상을 자신의 기준으로만 맞춰서 살려고 하는 것은 실현하기 어려운 욕심임을 잊지 말자.

● 누군가의 잘못을 우연히 발견하게 되었을 때도 덮어주고 넘어가 주는 아량도 필요하다. 하나하나 따지고 잘잘못을 이야기하면 자기 속은 잠시 편할 수 있을지 모르지만 그것뿐이다. 점점 주변에 사람도 없어지고 외롭게 된다. 조언을 구할 수 있는 선배도, 가끔 술 한잔하며 인생에 대해 이야기할 친구나 후배도 없어지게 된다.

● 또 자기 기준에서의 잘못이지 보편적으로는 크게 문제가 안 되는 행동일 수도 있다. 상대방의 잘못을 눈감아주고 너그러이 넘어가 주는 것은 배려이다. 그렇게 배려받은 용서는 다른 용서를 부른다. 용서받은 사람은 또 다른 누군가를 이해하고 용서해줄 수 있다. 그렇게 아량을 조금씩 베풀어 본다면 집착했던 자신의 기준도 그리 중요한 것이 아니라는 것을 깨달을 수도 있을 것이다.

● 이 식신의 기질은 자신의 틀을 크게 바꾸는 것을 싫어하고

어렵게 바꾸면 또 그것을 지키려고 한다. 매우 신중하기에 변화를 좋아하지 않는 것이다. 하지만 지나치게 신중하면 뭐든 일단 벌리고 행동하기가 어렵다. 이것은 이제껏 하지 않았던 새로운 일을 하면서 새로운 자극을 받으며 인생이 변화할 수 있는 가능성에 문을 닫고 산다는 말이기도 하다. 이런 식신의 기질이 강한 경우 노년이 되어 이사해서 새로운 환경에 노출되는 것은 큰 스트레스이기 때문에 건강에도 악영향을 미칠 수 있다.

● 식신은 언어능력, 말과 관련이 있어 식신이 있는 사람은 말로 먹고사는 직업이 어울린다. 또 식신이 있으면 학문적으로 성공해서 전문가가 되는 경우도 많다. 말하거나 글을 쓰는 것과 같은 적극적인 표현력으로 먹고사는 직업이 어울린다고 볼 수 있다. 작가, 배우, 아나운서, 예술가 등의 직업을 가진 사람에게도 드러나는 성향이다. 사업을 해도 자기가 직접 참여해서 일을 끌어가므로 한 분야에서 전문가가 되는 것이 적합하다. 또 식신은 의식주를 의미하기도 해서 식신이 있으면 먹을 복이 있어 의식주로 인한 큰 어려움 없이 풍족한 경우가 많다.

상관 - 사교성과 표현력

● 상관은 사교성과 표현력에 비유되며 언어와 의식주를 주관한다. 개방적이고 총명하며 언어능력이 뛰어나고 대화를 즐긴다. 상관이 식신과 함께 있으면 일에서 수완이 매우 좋다고 할 수 있다. 사람 만나는 것을 즐거워하고 주변에 사람이 많다. 깊이 있게 친한 몇몇을 사귀는 것도 있지만 폭넓게 많은 사람을 알고 지내는 경우가 많다. 인간관계에서도 융통성이 있어서 답답하지 않다.

● 흔히 말하는 것을 좋아하고 자신의 감정을 다양한 각도에서 세밀하게 잘 표현한다. 표현력이 좋고 자신의 감정에 대해서도 자세하게 잘 이해하고 있고 말할 수 있으니 사람을 사귀거나 연애를 잘할 수 있는 성격이기도 하다. 애교가 있는 편이고 살갑게 굴 수 있다.

● 한 시간짜리 드라마를 본 후 드라마의 내용을 자신의 일상 이야기와 감정을 섞어서 능히 한 시간 반 이상은 재미있게 이야기할 수 있는 기질이다. 말이 다소 많은 편에 속한다. 이런 상관이 강한 사람 둘이 만나서 이야기를 하는 것을 듣고 있으면 그

사이에 비집고 들어가 낄 틈이 없는 경우가 많다.

● 그렇게 많은 스트레스를 받는 편도 아니다. 굳이 어디를 가거나 하지 않아도 집 앞에서 차 한잔을 마시면서 이야기를 하더라도 즐겁고 유쾌할 수 있는 성향이다. 그래서 현재에 몰입하여 즐기는 경향이 강한 편이다. 다만, 즉흥적인 면이 있어 비록 이런 점이 임기응변에는 강한 측면도 있다 하겠으나 분위기에 휩쓸려 충동적으로 행동하는 것은 주의해야 한다.

● 영업이나 서비스직 등 사람을 만나는 일에 어울리고 성과를 나타낸다. 상관이 없는 사람들도 영업이나 서비스직을 할 수는 있겠지만 본인도 조금 불편하고 고객도 그렇게 편치 않을 가능성이 크다. 상관 성향이 있으면서 얼굴의 코가 길거나 크지 않고 다소 짧은 듯 작다면 사람을 많이 만나는 일에서 성공할 수 있다.

● 또 혁명적인 변화를 꿈꾸는 사람으로 기존의 질서를 뒤집어 자신의 스타일대로 엎고 싶어 하는 마음이 강하여 인생에 굴곡이나 시련을 스스로 만들기도 한다. 창조적이고 사람과의 관계가 유연하며 비판적 사고를 통해 언쟁이나 다툼도 잦기 때문에 인간관계가 순탄치만은 않을 수 있다.

● 반항적인 성향으로 직장의 경직된 구조를 답답해해서 독자적으로 사업을 진행하는 경우가 많으며 새로운 시도에서 어려움이 있더라도 끝까지 변화를 추구하여 목표한 바를 이루는

힘을 가지고 있다. 적극적이고 주도적으로 변화를 이끌기도 하지만 반대로 불평불만을 하면서 소극적으로 반항하기도 한다. 정치인, 변호사, 교수 등의 직업에도 상관의 성향을 가진 사람들이 많다. 또 편하게 시원시원하게 하는 말로 인해 타인에게 상처를 줄 수 있으니 대인관계에서 늘 말조심을 하는 것이 좋고 자신이 개혁할 수 있는 부분과 순응할 수 있는 부분을 조화롭게 잘 만들어 가는 것이 중요하다.

편재 - 관리와 통제능력

● 편재는 관리와 통제능력을 의미하며 비정기적인 돈이나 큰돈을 상징한다. 재財라는 것은 통제하고 싶어 하는 마음이다. 사람들은 늘 자신을 둘러싼 상황을 통제하고 싶어 하고 통제하고 있다는 기분을 느끼고 싶어 한다. 우울증이라는 것은 자신의 삶을 바꾸기 위해 자신이 할 수 있는 것이 아무것도 없다고 느낄 때 생기게 된다. 자신의 상황을 통제하는 힘을 박탈당하게 되면 우울한 마음까지 들게 되는 것이다. 자신이 통제할 수 없는 상황이 되면 '재'라는 것이 발달한 사람은 그 우울한 마음이 훨씬 커지게 된다.

● 이 편재의 기질은 관리와 통제능력이 뛰어나고 공간지각 능력도 좋은 편이며 여행을 갈 때 짐을 정리하는 것도 잘한다. 자기 통제 하에 일목요연하게 정리하고 구분하는 것에 발군의 실력을 발휘한다. 적재적소에 사람이나 물건을 배치하고 일을 돌아가게 하는 능력이 있어서 일을 시키는 것을 잘하고 좋아하기도 한다. 한마디로 지배욕이 강한 것이다.

● 돈이라는 것은 내가 무엇인가를 통제하는 것이다. 자신을

제대로 통제할 수 있는 마음이 되어야 돈도 통제하고 잘 벌고 관리할 수 있다. 돈에 대한 개념이 아예 없는 편은 아니나 적은 돈에 관심이 없고 일확천금에 대한 동경이 커서 직장인으로서 월급에 만족하기 어렵다. 이 정도의 월급을 받기 위해서 이렇게까지 일을 하나라고 생각하기 쉬운 구조다. '아끼고 절약하고 차근차근 저축해서 잘 살자'라는 마음은 찾아보기 힘들다.

● 편재가 있거나 많으면 한방을 노리는 투기적인 경향이 크고, 위험하더라도 고수익의 가능성이 있다면 투자하려고 한다. 변동성이 강한 주식이나 코인투자 등에도 관심이 많다. 발전과 변화를 좋아하여 모험을 감행하는 사업가적인 성향이 있다.

● 부모로부터 받은 돈은 명백히 자기 돈이 아니다. 생활하는 데에 다소 편안함은 있겠지만 부모로부터 받는 돈만큼의 간섭이나 개입이 많아지게 되니 자주성을 갖고 살기가 어렵다. 돈은 다른 사람들에게 얼마나 인정을 받고 있고 자신의 일이 잘 진행되고 있는지에 대해 보여주는 수치이다. 이 수치인 돈은 오직 자신이 벌었을 때 당당하게 누릴 수 있다. 부모가 준 돈, 그러니까 자신이 벌지 않은 돈으로 좋은 차나 큰 집 같은 호사를 누리고 있는 사람들을 부러워할 이유는 없다.

● 항상 새로운 일에 대한 도전으로 큰돈을 벌고 싶은 욕구가 강하다. 돈에 대한 스케일이 커서 벌 때도 크게 벌고 나갈 때도 시원하게 크게 나간다. 인생의 롤러코스터를 맛보기 쉽다고

할 수 있다. 돈이 크게 들어오거나 크게 나갔을 때는 일단 멈춰야 한다. 돈이 들어왔을 때도 그 돈이 서서히 내 인식에서 자신의 돈으로 정착이 될 때까지 시간이 필요하고 돈이 나갔을 때도 그 사라진 돈을 현실로 직시해서 인정할 수 있는 시간이 필요하다. 그렇지 않으면 들어온 돈은 이내 곧 나가게 될 것이고 나간 돈의 몇 배의 돈이 더 크게 깨질 가능성만 남게 된다. 재물이 들어오고 나감에 기복이 심하므로 늘 주의하고 잘 관리해야 한다.

● 편재가 많은 사람은 만나는 이성에게 이것저것 잘 시키고 지시하는 스타일이 되기 쉬워 상대는 조금 잡혀 사는 느낌이 어울린다고 볼 수 있다. 자기주장이 너무 세거나 권위적인 상대는 잘 맞지 않는다.

● 평범함을 거부하고 밖으로 자주 움직이는 기질이며 일에 있어서도 모험과 도전을 즐기고 기꺼이 위험을 감수하려고 한다. 그래서 항상 새로운 것을 추구하고 변화를 가지려고 노력한다. 새로운 분야나 신제품 등 보다 미래지향적으로 세상을 바꾸려고 하는 노력을 할 때 큰 결실을 가져올 확률이 있다. 남자의 경우 새로운 여자에 대한 적극성과 도전의식이 강하다.

 정재 - 꼼꼼함과 안정

● 정재는 꼼꼼함과 안정으로 표현할 수 있으며 월급과 같은 정기적으로 들어오는 고정적인 수입을 상징한다. 치밀하고 섬세하며 합리적이고 계획적인 기질이며 안정적인 것을 좋아하므로 보수적이고 가정적인 편이다. 한번 믿음을 주면 끝까지 신뢰하고 배신하지 않는다. 그래서 새로운 사람을 경계하고 검증되지 않은 사람과 만나는 것을 좋아하지 않으며 인간성이나 성품을 중요하게 생각한다.

● 소유욕이 있다. 확실하고 분명한 것을 좋아하고 소유를 해도 완벽하게 모두 소유하고자 하므로 다소 집착이 있다. 물건에도 친구나 연인관계에도 집착이 있어서 이런 정재의 기질이 있으면 확실하고 분명한 것을 좋아하므로 불안함을 자주 느낀다. 만일 아직 연인이 없어 불안한 마음이 있다면 연인이 생겨도 불안하기는 매한가지이다. 현재 자신의 연인이 어디에서 누군가와 무엇을 하고 있는지 확실하게 알고 있어야 불안하지 않고 마음이 편해지는 경향이 있다.

● 자기 사람이나 자기 물건에 대한 애착이 강하다. 그래서

내 사람과 남, 내 것과 남의 것에 대해 명확하고 확실하게 구분하기를 원한다. 다소 정 없게 느껴질 수도 있으나 그것과 무관하다. 그냥 구분하는 것을 좋아하는 것이다.

● 재財라고 하는 것은 돈을 말하기도 한다. 재라고 하는 돈의 성향이 강한 사람들은 부지런하고 성과지향적이라 야무지다. 돈 계산이 빠르고 돈 되는 일에 관심이 많고 돈 되는 일이라면 마다하지 않는다. 재의 성향이 지나치게 강하면 그것도 문제다. 돈 창고를 여러 개 가지고 태어나서 창고에 돈을 계속 채워야 하는 운명이다. 채우고 채워도 채워지지 않고 만족이 안 되니 계속 그렇게 산다. 지쳐도 멈추지 못하니 몸도 망가지고 돈에 대한 집착이 강하니 주변 사람들에게서도 좋은 소리를 듣기 어렵게 된다. 또 일을 잘 놓지 못하니 어떤 면에서는 고단한 인생이 되기도 한다.

● 이재理財에 밝아 돈에 대한 개념이 확실하여 수입과 지출이라는 돈의 흐름을 꿰차고 있다. 적은 돈에 대해서도 꼼꼼하게 챙기는 스타일로 돈에 인색한 면이 있을 수 있다. 돈 때문에 기쁘고 우울하고 돈에 의해 쉽게 마음이 좌지우지된다.

● 일단 일을 시작하면 마무리까지 가서 성과를 내는 야무진 면이 있다. 위험한 것을 싫어하고 안정적인 것을 좋아하여 크게 사고를 칠 일은 하지 않는다. 확실한 것을 선호하여 분명하게 결론 내리지 않는 것을 잘 못 견딘다. 그래서 인생이라는 불안

정한 삶에 답답함을 많이 느끼게 된다. 이런 성향이 심한 경우, 길을 걸을 때 건물에 걸려 있는 간판이 떨어지지는 않을까 걱정하기도 하고 차량이 인도로 돌진해서 들어오면 어쩌지 하는 불안한 마음으로 걸으면서 차도 쪽을 자주 쳐다볼 수도 있다. 하지만 애초에 우리가 안심하고 안정될 수 있는 상황이라는 것은 존재하지 않는다. 인생을 너무 선명하게 보려 하지 않는 게 현명하다. 늘 불안하고 인생이 어떻게 될지 알지 못하는 상태가 정상이다.

● 정재가 많으면 치밀하고 분명한 것을 좋아하며 집착도 있어 이성교제에서 상대를 답답하게 만들 소지가 있다. 만난 지 얼마 되지 않아도 결혼할 상대인지 아닌지 결론을 스스로 내야 편안한 마음이 들기도 한다. 하지만 일단 자기가 만나는 사람이라고 생각하면 열과 성의를 다한다.

● 직업으로는 실제 현금을 만지는 업무나 보수적인 행정업무도 맞는다고 할 수 있다. 성공보다 안정된 것을 좋아하고 결과가 예측 가능한 환경에서 편안함을 느끼므로 위험요소가 있는 사업보다는 회사에서 근무하는 것이 어울린다. 사업을 하는 경우도 있으나 대부분 이익이 작더라도 분명한 수익구조를 낼 수 있는 일에서 명확한 계획을 가지고 시스템적으로 접근하는 경우가 많다. 안정적인 일을 좋아해 기업에서 일하거나 공무원이 적격이며 투자에 있어서도 위험하지 않은 부동산, 금 등 안

전한 것을 좋아한다.

● 강박이 다소 있으며 건강에도 신경을 많이 쓰는 편이다. 미식가로 맛집을 좋아한다. 정재의 성향이 지나치게 강하면 돈이 아까워 연애도 안 하고 일이나 연인관계, 결혼생활 모두에서 안전하고 안정적인 것만을 추구한다. 결혼 후에 바람을 피우지 않는 이유가 돈이 아까워서가 될 수 있는 스타일이기도 하다. 물론 내 사람과 남의 구분이 명확한 것이 한몫하는 면도 있다.

편관 - 희생과 참을성

● 편관은 희생과 참을성을 뜻하며 명예, 리더십을 상징한다. 명예욕이 있기에 자신을 믿고 책임과 권한을 주는 사람에게 최선을 다할 수 있는 기질이라 할 수 있다. 한계를 넘어서는 목표를 성취하는 데서 큰 만족감을 얻는다. 하지만 고집이 세고 남과 비교되는 것을 굉장히 싫어한다. 자신을 누르는 것에 대한 반감이나 스트레스가 보통보다 훨씬 강한 편이다.

● 참고 인내하고 버티는 데는 일가견이 있다. 그러니 겉에서 보면 착하고 온순한 사람, 좋은 사람으로 보이지만 그 이면을 조금만 더 들여다보면 속은 썩어가고 있다. 쌓인 스트레스로 곪아 터져가고 있다. 참고 인내한다는 것은 정도에 따라서는 더 큰 화를 면할 수 있지만, 너무 강해도 속병 들기 쉽다고 할 수 있다. 편관이 있는 데다가 자신의 감정을 잘 표현하는 앞서 말한 상관이나 식신마저 없다면 속병이 들기도 한다. 자신을 둘러싼 굴레를 벗어던지고 조금 자유롭게 하고 싶은 말을 하고 살 수 있어야 한다.

● 때로는 알게 모르게 쌓여간 감정 때문에 욱하기도 한다.

특히 예禮를 중요하게 생각해 예의를 갖춘 사람에게는 지나칠 정도로 정중하지만 그렇지 않은 사람에게는 민감하게 반응해 버럭 화를 내기도 한다. 군인, 경찰 같은 면도 있어 명분과 명예를 중요하게 생각하고 옳지 않은 일에는 발을 들여놓지 않는다.

● 남들 눈치 보고 남의 처지를 배려하고 체면을 세워주느라 정작 자신은 기진맥진 모든 기력이 쇠해지는 경우도 있다. 남의 집 귀한 딸 데려와서 고생시킬 수 없다면서 집이며 차에 돈도 어지간히는 벌어놔야 결혼을 할 수 있다고 생각한다. 그래서 편관이 강한 사람 중엔 노총각이 많다. 여기까지만 해주고 이제 그만 하겠다는 말을 입에 달고 산다. 일단 내가 살고 남을 배려할 일이다.

● 주어진 일이라면 어떤 역경과 고난도 참아낼 수 있는 근성도 있다. 보통 사람보다 참는 것은 도가 지나치게 잘해서 오히려 병인 모양새이다. 그래서 아파도 남들도 이 정도는 참는 것이라 생각하고 잘 참아낸다. 여자가 이런 성향이 많아서 강하면 어떤 남자가 들어와도 참고 버티면서 고단한 삶을 이어가기 쉽다. 견디고 버티며 이혼도 잘 안 한다.

● 인간관계에서도 상대가 하는 말이나 행동이 싫어도 말을 못 하고 싫은 티도 못 낸다. 어쩌다 의외로 한마디라도 하는 날이면 집에 돌아와 영 마음이 편치 못하다. 말해도 편치 못하고 말 안 해도 답답하니 그냥 좋게 넘어가자는 생각으로 꽉 차게

되고 그렇게 생활하게 된다. 반면에 권위로 상대방을 누르려고 하는 면도 있으며 권위를 가질 수 있는 직업군에서 만족감을 느끼는 경우도 있다.

정관 - 합리성과 명예욕

● 정관은 합리성과 명예욕을 말하며 명예, 관직, 직위를 상징한다. 정관은 섬세하고 명예를 중요하게 생각하며 사려가 깊고 점잖고 착한 인상을 준다. 한마디로 안정적이고 보수적이다. 정관의 기질이 강하면 명성과 권위를 원하게 된다.

● 남의 눈에 내가 어떻게 비치는지에 대한 관심이 지대하다. 인정받는 것을 좋아하고 남들의 평판에 지나치게 신경을 쓴다. 칭찬에 목이 말라 있고 늘 칭찬받기를 원한다. 실리보다는 명예나 명분을 중요하게 생각하니 다소 실속이 없을 수 있다. 체면치레하는 경우도 종종 있다.

● 남들이 행복하다는 기준과 잘 나간다는 기준에 맞춰서 자신을 만들고 싶은 욕구가 강하다. 명예욕이 강해 고위 공무원이나 경찰, 군인 등 대의명분을 중요하게 생각하는 조직에서 관록을 먹는 경우가 많다. 요즘은 대기업 등 큰 조직에서 임원까지 올라가기 위해 다른 모든 것을 포기하고 매진할 수 있는 타입이라고도 볼 수 있다. 남들의 시선과 기준에서 잘 살고자 하는 욕구는 경제적으로도 보란 듯이 잘 살고자 하는 욕심으로 나타날

수 있다.

● 반면에 합리적이기 때문에 무모한 짓은 잘 하지 않고 남의 눈을 지나치게 의식하기도 하지만 상황에 맞춰 자신을 바꿔갈 수 있는 점은 장점이라고 할 수 있다. 타인의 시선에 대한 강박에서 벗어나 자기 모습 그대로를 바라보는 것이 중요하다. 남들이 나를 인정해주고 내 성과에 열광할 때 행복을 느낀다는 것은 자칫 위험하다. 그런 그들의 시선이 사라졌을 때는 불행해질 수 있다는 이야기가 되기 때문이다. 행복의 기준을 타인의 시선으로 잡게 되면 남들이 자신을 인정해주지 않는 순간 좌절하고 불행해질 수 있으므로 자신의 내면과 끊임없이 대화하는 성찰을 통해 자기 발견을 하고 자신이 진정 원하는 인생의 기준을 잡는 것에 특히 신경을 써야 한다.

● 지나치게 원리원칙을 중요하게 생각하며 융통성이 떨어지고 새로운 것을 추구하면서 책임지는 것을 좋아하지 않는다. 사업을 하기는 힘든 면이 있고 사업을 한다면 시스템적으로 안정적으로 만들어 위험하지 않게 확장하고 돈을 버는 것에 관심을 가진다. 공무원, 회사원, 연구직 등 어떤 조직에 소속되는 직종이 어울린다.

편인 - 부정수용과 의심

● 편인은 부정수용과 의심을 뜻하며 공부, 문서, 도장, 부동산을 상징한다. 흔히 독특한 끼와 재능을 가지고 있어 일반적인 공부를 하기보다는 다소 특이한 분야에서 끼를 발산하여 능력을 발휘하는 경우가 많다.

● 눈에 보이지 않는 신비스러운 것에 대한 관심이 많은 편이고, 또 의심도 많아 부정적으로 받아들이는 면이 있다. 의심하고 또 의심하고 그래도 모자라 다시 확인하는 기질이다. 이 '의심'의 성향이 '꼼꼼함'의 정관 성향과 만나게 되면 한번 걸리면 숨도 못 쉬는 지경으로 만들 수 있다. 자신이 스스로 납득될 때까지, 확실한 답이 나올 때까지 의심에 의심을 하게 될 테니 말이다.

● 이런 면 때문에 인간관계는 다소 좁을 가능성이 높고 체계적으로 분석하기보다는 느낌으로 오는 직관을 믿는 편이기도 하다. 하지만 직관이 발달했다고 하더라도 전적으로 의지하기에는 위험하니 항상 주의가 필요하다.

● 이런 편인과 정인이 함께 또는 많이 있으면 잡념, 망상, 택

도 아닌 생각, 의심, 고민이 많다. 한편으론 창의적이기도 하다. 생각이 꼬리에 꼬리를 물며 끊이지 않아서 가만히 집에 앉아서 생각하는 것만으로 종일 능히 시간을 보낼 수 있다.

● 잡생각 때문에 지금 현재에 잘 몰입이 되지 않는 면도 있다. 현재에 몰입이 어렵다는 것은 집중력이 떨어지고 일의 효율성도 낮아진다는 점도 있지만, 더 큰 문제는 행복을 느끼기 힘들다는 것이다. 머릿속에서 일어나는 생각과의 고리를 끊고 '지금, 여기Now, Here'에 몰입이 되어야 행복을 느끼고 지난 후에 곱씹을 수 있는 추억이 될 수 있는데 그게 잘 안 된다고 볼 수 있다.

● 편인이 있으면 종교나 철학에도 관심을 가지는 경우가 많다. 다양한 분야에 관심이 많으며 큰 야망을 인생의 목표로 두기보다는 편안한 인생을 지향할 가능성이 높다. 투기성 투자나 도박을 늘 조심해야 한다. 직업은 철학, 의학, 예능인, 시인, 간호사, 예술가, 여행작가 등이 어울린다. 또 다소 게으르다는 느낌을 줄 수 있는 생활패턴을 인지하고 이를 바꾸려는 노력도 겸비해야 한다.

정인 - 직관력과 정

● 정인(인수)은 직관력과 정으로 표현될 수 있으며 공부, 문서, 도장, 부동산을 상징한다. 새로운 것에 대한 호기심이 강하고 머리가 좋고 사고의 폭이 넓어 총명하며 지혜롭다. 모성애가 있고 따뜻한 정과 의리가 있다. 끊임없이 배우고 공부하여 성장하려고 한다.

● 정이 많고 느낌이 발달하여 논리보다는 마음이 가는 대로 뭔가를 했을 때 정답일 확률이 높다. 하지만 순수하여 남의 말을 잘 받아들여 믿기 때문에 사기를 당하거나 속기 쉬우므로 주의가 필요하다.

● 따뜻함이 있어 기본적으로 사람에 대한 애정과 사랑이 가득하고 쉽게 다른 사람의 처지에 공감하여 애처로움을 느끼기 쉽다. 그러니 자신이 만나는 이성에 대해서 따뜻하게 대하고 이벤트를 자주 하는 로맨티스트 기질이 다분하다.

● 하지만 머릿속은 항상 복잡해서 지난 과거에 대한 후회도 많고 앞으로 닥칠 일에 대한 걱정과 고민도 많은 편이다. 한마디로 걱정이 팔자다. 생각이 많다는 것은 실행하는 데에 주저하

거나 망설인다는 뜻이기도 하다. 두려움이 생기기 때문이다. 미리 계획하기 위한 상상은 좋지만 일어날 가능성이 거의 없는 일에 에너지를 쓰지는 말아야 한다. 일어나지도 않을 일에 대한 괜한 걱정은 소중한 에너지만 소모할 뿐이다.

● 생각이 많아 누군가를 만나 앞에 두고도 머릿속에서는 계속 딴생각이 난다. 주고받는 이야기 주제에 연계된 다른 생각들이 줄곧 떠오르니 눈은 상대를 보고 있어도 집중이 잘 안 된다. 멍 때리는 경우가 많고 아스라이 저 창밖 너머를 바라보는 듯한 초점이 없는 시선이 되기 쉽다. 길을 걸으면서도 생각에 잠겨 주변 사람이 잘 보이지 않는다.

● 상관이나 식신 같은 표현하는 성향마저 없다면 생각은 계속 쌓이지만, 그 생각이 빠져나갈 출구는 없으므로 꽉 막혀 답답하게 생각이 정체되게 되니 골치가 아플 지경이다. 생각이 머릿속에 가득 차 있고 담아만 두면 문제가 터질 수 있다. 생각이나 감정을 해소하는 방법을 찾아야 한다. 풍선에 생각이라는 물을 계속 넣으면 어느 선까지는 부풀어져 올라 견디겠지만 한계에 도달하면 결국 풍선은 터지고 만다.

● 특히 생각이 많은 사람에게 있어서 말을 하여 표현하고 실행하여 행동으로 옮기는 것은 이 답답한 상황을 돌파할 수 있는 유일한 방법이다. 이것이 실행력이고 돌파력이다. 물은 고여 정체되어 있으면 썩게 되고 만다. 썩기 전에 미리 물의 길을 만

들어 주어 물이 자연스럽게 흘러갈 수 있도록 해주어야 한다. 깊은 생각만으로는 아무것도 되지 않는다. 도리어 겁만 나게 된다.

● 소위 '걱정일기'를 만들어 보는 것도 좋다. 오늘 날짜에 지금 고민하는 것을 적는다. 단어도 좋고 문장도 좋다. 생각나는 대로 쭉 적어본다. 그리고 어렵겠지만 정해진 시간이 지나면 덮는다. 그리고 의식적으로 잊는다. 하루 시간이 지나갔는데 그냥 해결된 것도 있을 것이다. 그러면 지운다. 아직도 풀리지 않은 문제는 오늘 날짜로 다시 이월하여 옮겨 적는다. 또 오늘 새롭게 고민되는 내용도 적는다. 이렇게 하면 일상에서 쓸데없이 다른 생각을 하느라 머리 아픈 일도 없게 되니 생기와 행복도 찾을 수 있다.

● 직업은 따뜻함과 포근함이 느껴지는 교육, 봉사, 세무, 재무 등과 같은 일이 어울린다. 일은 진취적이고 진보적인 일보다는 다소 보수적인 성향의 일이 맞는다고 할 수 있다.

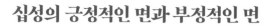

십성의 긍정적인 면과 부정적인 면

십성	긍정적인 면	부정적인 면
비견	주체적, 추진력, 독립적, 의지력, 체계적, 의리, 강직함, 행동적	성급함, 독단적, 단순함, 게으름, 직선적, 강압적, 고집, 치우침
겁재	경쟁적, 실행력, 승부욕, 용감성, 민첩성, 진취성	충동적, 맹목적, 냉정, 불신, 무모함, 경솔함, 자포자기
식신	탐구성, 논리적, 분석력, 내면적 감성, 연구력, 지식추구, 지혜, 순수함, 온화함, 열정, 몰입	융통성 결여, 우울, 반항, 자존심, 자만심, 무시
상관	표출적 감성, 표현력, 우호적, 승부욕, 개성, 친화력, 호기심, 순발력, 상담력, 언어표현력	우월감, 오만함, 변덕, 과장, 불만, 조바심, 낭비, 분산, 즉흥적
편재	실용적, 공간감각, 수리력, 독창성, 손재주, 판단력, 통제력, 예리함, 사업적	낭비, 투기적, 고집, 자기만족, 독단적, 경제관념 결여, 일방적, 지배적
정재	성실, 현실적, 생산적, 이익추구, 생활력, 경제관념, 사실적, 신용, 수리력, 구체적, 계획적, 안정성	단순함, 질투심, 탐욕, 소심함, 옹졸, 집착, 종속됨, 자만, 낭만결여, 욕망
편관	인내, 희생정신, 강인함, 자제력, 암기력, 원칙적, 봉사심, 공인적, 도덕적, 리더십	고집, 무심함, 이념적, 독선, 의심, 권위적, 회피, 자아억제
정관	합리적, 보편적 사고력, 봉사심, 논리적, 분석적, 모범적, 질서, 원칙적, 조직성	완고함, 열등감, 형식적, 체면치레, 냉정함
편인	순수, 독창적, 창의력, 순발력, 이론적, 예지력, 사상적, 직관적, 상상력	의구심, 변덕, 부정적, 편협함, 무관심, 폐쇄적, 갈등, 고독감, 회의적
정인	온정적, 다정다감, 윤리적, 자율적, 직관력, 협조적, 육감, 영감, 수용성, 희망적, 이해력, 배움, 상담력, 감수성, 포용력	망상, 느긋함, 소극적, 수동적, 나태함, 의기소침, 생동감 부족

더
알아보기

행복이 찾아오는 오행컬러

행운을 불러오는 탄생석

12지지 띠별 성격

행복이 찾아오는 오행컬러

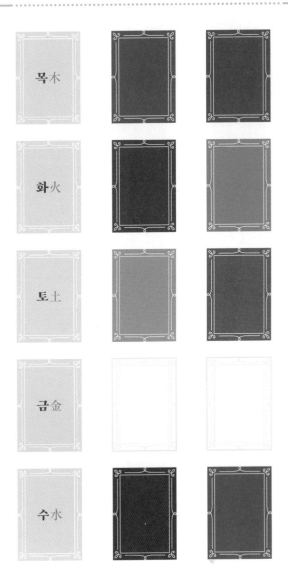

목木		
화火		
토土		
금金		
수水		

행운을 불러오는 탄생석

월	탄생석	의미
1월	가넷 (Garnet)	사랑, 진실, 정조, 우정
2월	자수정 (Amethyst)	성실, 평화, 정조
3월	아쿠아마린 (Aquamarine)	침착, 총명, 용감, 젊음, 행복
4월	다이아몬드 (Diamond)	영원한 사랑, 행복, 불멸
5월	에메랄드 (Emerald)	행복, 행운
6월	진주 (Pearl)	아름다움, 순결, 건강, 부귀, 권위
7월	루비 (Ruby)	영원한 생명, 열정, 사랑, 평화
8월	페리도트 (Peridot)	부부의 행복, 지혜, 희망
9월	사파이어 (Sapphire)	자애, 성실, 덕망, 진실
10월	오팔 (Opal)	사랑, 진실, 정조, 희망, 순결
11월	토파즈 (Topaz)	우정, 인내, 결백, 건강, 희망
12월	터키석 (Turquoise)	행운, 성공, 번영, 승리

12지지 띠별 성격

쥐(자, 子)

　몸집이 제일 작지만, 육십갑자 중 제일 먼저 나온다. 그만큼 민첩하고 두뇌 회전과 눈치가 빠르다. 몸집이 작은 것에 대한 콤플렉스 때문에 앞에서보다는 뒤에서 불평불만을 하는 경우가 많다. 야행성이다. 초조, 불안 때문에 두리번거리길 잘한다. 약삭빠르고 사교적이며 바람기가 있다. 들락날락을 잘한다. 남의 것을 가지고 자기 것을 만들므로 상업과 어울린다. 느낌이 빠르고 영적 능력이 뛰어나며 심장이 약하다. 식성은 조금 가리는 편이다. 몸집이 작아 놀래기를 잘한다. 민첩하고 작으므로 굉장히 상냥한 면도 있다. 몸집이 알맞게 발달해야 한다. 너무 마르거나 너무 살이 쪄도 좋지 않다. 활동하기에 알맞도록 약간 마른 게 좋다. 외고집이 될 수도 있다. 깊은 생각 없이 말하기 쉽다. 직선적, 장난기도 많다. 모성애, 부성애가 강하다. 결혼하면 배우자보다 자식을 더 좋아한다. 동작이 빠르고 순발력이 뛰어나서 어떤 일이든 정확한 걸 좋아한다. 여자는 애교가 넘치고 남자에게 잘해준다. 남녀 모두 잔정이 많아 헤어나지 못해 피해를 많이 본다. 인덕이 약하다. 성격이 깔끔해서 남을 피곤하게 만들고 잔소리가 많은 편이다.

* 태어난 해의 띠뿐만 아니라 월, 일, 시의 지지도 함께 보고, 참고용으로 한다.

소(축, 丑)

온순, 착실, 근면, 성실 그러면서도 고집이 세다. 우두머리의 기질이 있다. 다소 느리고 순한 편이다. 사람을 잘 믿는다. 일은 잘하지만 남이 시키는 일을 잘하는 편이고 자기 스스로 일을 하기에는 다소 부족한 면이 있다. 관절 계통이 약하다. 뼈가 아프거나 신경통도 조심해야 한다. 남자는 여자에게 의지하려는 경향이 있다. 포기를 빨리, 그리고 자주 하지만 부지런하다. 빈혈이 많고 장도 나쁘며 눈이 크다. 일편단심 타입이다. 낭만적이다. 술 한잔 먹으면 낭만을 즐기며 밤새는 줄을 모른다. 눈에 핏기가 잘 서린다. 위장이 안 좋다. 이별 등 세상살이에 슬픔이 많다. 남자는 여자를, 여자는 남자를 잘 믿으나 배신당하면 못 견딘다. 인내력이 강하다. 선하게 살려고 노력하고 비밀을 좋아한다. 성질나면 무섭다. 침착하지만 성질이 나면 보이는 게 없다. 결벽증이 있다. 은둔생활을 좋아한다. 매사 여유가 있어 안일한 편으로 기회 포착이 늦다. 그리고 후회를 한다. 일복을 타고났으나 항상 편안하고 안정된 일을 하려고 한다. 즉, 모험심이 없다.

호랑이(인, 寅)

고독을 즐긴다. 달밤을 좋아하고 홀로 있기를 좋아한다. 친구도 적다. 옛날 생각을 잘하고 감상에 잘 빠진다. 세상 비관을 잘한다. 야행성이라 늦게 자고 늦게 일어난다. 공격적, 이기적이다. 사색적인 면도 있고 괴팍하기도 하다. 배가 고파야 먹이를 찾고 배부르면 움직이질 않는다. 움직이길 싫어한다. 달밤에 어슬렁거리기를 좋아한다. 일을 미루고 미루다가 마지막에 왕창 한다. 외골수적인 면도 있고 고집도 강하다. 장난기도 있다. 먹을 때 폭식을 하고 굶을 때는 오래 굶어서 위와 장이 안 좋다. 자기 앞가림만 하는 성격이 강하다. 백수의 왕이다. 통이 크다. 공격적이고 고함도 잘 친다. 한번 성질내면 시끄럽다. 호랑이는 으르렁거릴 줄 알아야 큰일을 한다. 널리 베풀어야 일이 잘 풀린다. 사주에 인이 있는데 용맹성이 없는 사람은 예술 계통이 좋고 용맹성이 있는 사람은 정치, 공직, 사업 쪽이 좋다. 가문, 명예 등을 존중하는 타입으로 군복 같은 제복을 입고 계급장을 달면 위엄이 있어 보인다. 남자 사주에 인이 있으면 여자가 잘 따른다. 말년엔 소원성취가 많으나 초년엔 고생이 많다. 재물에 욕심이 없고 세속적인 일에 관심이 없는 면이 있어 예술에 관심이 많다. 단체생활에 부적합하다.

토끼(묘, 卯)

　박력은 작으나 고고한 것을 좋아한다. 자신의 내면과 투쟁이 심하다. 뭐든지 확실한 것, 따지는 것을 좋아한다. 자기가 옳다는 식으로 은근히 자기 고집을 내세운다. 자수성가형으로 청빈하고 깔끔한 옛날 선비 같은 면이 있다. 내성적이며 학자적인 측면이 있다. 머리가 총명하다. 예술적 감각과 학문적 재능이 있다. 논리가 강해 말을 할 때도 조리가 있다. 건강상 열등의식이 있다. 논리적이고 머리가 좋으므로 교사나 언론, 문예 계통이 좋다. 외길 인생을 산다. 위험한 일이나 무모한 일은 안 한다. 항상 다니던 길만 다니고 계산해보고 곤란한 일은 잘 안 한다. 의심이 많고 생각이 많다. 음성적, 내성적, 온순하고, 깜찍하기도 하며 귀여움을 받는 형이다. 그러나 성격은 무척 급하다. 자존심을 건드리면 굉장히 분하게 생각한다. 명석한 두뇌로 논리적이므로 조리 있게 말을 잘한다. 얼렁뚱땅은 잘 통하지 않는다. 자기에게 어떤 생활이 주어지면 그걸로 만족한다. 사업 쪽으로 나가면 잘 되지만 뒤가 약하다. 인내력이 강하다. 그러나 결과적으로 끝이 약하다. 쉬운 과목보다 어려운 과목을 잘한다. 의심이 많아 의처증, 의부증도 있다. 근심, 걱정이 있어도 태연한 척을 잘한다. 말을 많이 해도 밉지가 않다. 냉증, 알레르기성 체질이다. 무엇이든 극한 상황을 잘 만든다.

용(진, 辰)

상상의 동물이다. 나머지 11가지 동물의 특성을 가지고 있다. 점잖은 자존심이 있다. 다재다능하며 쥐가 잘 난다. 통이 크다. 과대망상적인 기운이 있고 여자들은 사치가 다소 있다. 사치하지 않는 사람은 종교나 철학 같은 정신세계에 관심을 가진다. 상상력이 풍부하다. 자신에 대한 생각이 많고 환상에 자주 빠져 있어 현실감각이 다소 떨어진다. 통이 크고 현실에 집착하지 않는다. 마음도 넓다. 은근히 변덕도 있다. 배신당하면 냉정히 돌아선다. 원대한 꿈과 야망을 가지고 계획을 크게 세우므로 한번 실패하면 좌절에서 일어나기 힘들다. 신경질적이고 변덕이 심하다. 어디를 가든지 구설수를 조심해야 한다. 좋을 때는 한없이 좋으나 싫어지면 그걸로 끝이다. 한번 싫다 하면 그걸로 끝이다. 잠재능력이 뛰어나지만, 공상 때문에 현실감각에 느리다. 방황, 허영, 허무, 고독과 같은 에너지가 있다. 비현실적인 면이 있고 해외와 관련된 운이 강하다. 위기극복을 잘한다.

뱀(사, 巳)

헌신적인 면이 있다. 머리가 좋고 예리하다고 볼 수 있다. 하지만 화가 나면 크게 분노한다. 그러면서 변덕도 심하다. 손발이 찬 경우가 많다. 대개 허리, 치아, 피부가 약하다.

마음을 굳게 세우면 일을 잘하지만 변덕, 방황이 문제가 되는 경우가 많다. 그 변덕이 지적이어야 한다. 그렇게 하지 않으면 생각이나 행동이 남다르게 특이하게 되어 오해를 사기 쉽다. 약간 변태적인 느낌이 있다. 혼자서 생각이 많다.

가장 철저하고 사무적이다. 자신만의 개인생활을 즐긴다. 방황기가 있고 고독한 느낌이 있다. 인내심은 최고이지만 중간에 포기하는 경우가 많다. 유난히 내성적인 경우도 있다. 생각이 깊고 사색적이다. 자기 비밀이 많다.

말(오, 午)

허례허식에 치우치기 쉽다. 예절을 존중하므로 단체생활에 적합하다. 거국적인 면이 강하여 국가적, 사회적, 민족적인 생각을 많이 하고 통도 큰 편이다. 감정이 풍부하고 은근히 겁도 있고 눈물도 많다. 한번 게으름에 빠지면 빠져나오지 못해 골치가 아프다.

정보 계통이 빠르다. 잘 돌아다니므로 주워듣는 것이 많다. 상업 기질이 뛰어나다. 군인, 경찰이나 예체능에도 탁월하며 체육 계통도 어울린다.

아니다 싶으면 막판에도 능히 배신한다. 임기응변에 탁월하다. 사교성이 좋다. 체면치레가 있고 궤변에 능통하며 의식과 형식을 중요하게 생각한다. 의외로 감성적이어서 가슴에 와 닿는 것이 많아 눈물도 많다. 바람기도 있다. 돈을 빌려줘도 못 받는 경우가 많다.

양(미, 未)

고고한 면이 있다. 은근히 현실을 비꼬기도 한다. 사색을 즐긴다. 거만하고 독선적인 면도 있다. 싫어, 싫어하면서 따라간다. 학자 타입이고 교육 계통도 어울린다.

자기 기분이나 마음을 잘 드러내지 않는다. 은근한 고집과 인내력이 있다. 그러나 끝까지 지키지는 못한다. 외로움을 즐거움으로 안다. 예술적인 면도 있고 연예인의 끼도 있다. 자존심이 강하다. 논리적인 것 외에는 통하지 않는다. 일이 이루어지지 않아도 상심하지 않는다. 단체생활에 부적합하나 인내를 잘한다.

자존심이 강하고 정에 약한 것이 기본이다. 모든 일에 적당한 욕심이 있을 뿐이다. 자존심 상하는 것을 싫어해서 그런 경우는 돈을 잘 쓴다. 타인이 보기에 온순하지만, 본인이 타인을 볼 때는 다소 무시하는 경향도 있다.

원숭이(신, 申)

인간과 가장 가깝게 생겼다. 재능이 뛰어나다. 유머와 재치가 있으며 만지작거리는 것을 좋아한다. 그러면서 변덕이 심하고 신경질도 있다. 재주는 있으나 변덕 때문에 잘 안 되고 조심할 줄 모른다. 자신이 나서길 좋아한다. 때로는 겸손할 줄 알아야 한다. 재능은 타고났으나 묵직하지 못하고 위엄이 없고 촐랑거리길 잘하므로 우두머리가 되기는 힘들다.

애교가 있고 위기극복을 잘한다. 재주가 많고 무엇이든 빨리 배워 흉내를 잘 낸다. 사기도 잘 치고 잘 당하니 조심해야 한다.

짐승 중에서 가장 흥분을 잘하고 소란을 잘 피운다. 그 후에는 항상 허탈감을 느낀다. 손재주가 좋다. 책임감이 강하다. 직업으로는 연극이나 뮤지컬배우, 영화배우, 탤런트도 좋다.

닭(유, 酉)

　열두 동물 중 영적인 기능이 제일 강하다. 꿈을 잘 꾸고 축원축수 祝願祝壽 가 잘 된다. 따라서 사주에 닭이 있는 사람에게는 되도록 잘해주는 게 좋다. 법정에는 서지 않아도 사회적, 도덕적인 심판관 역할이 강하다. 원색 꿈도 잘 꾼다. 신경이 예민하고 꼼꼼하며 완벽을 추구하므로 실수가 잘 없다. 인정이 많다. 은근히 고집이 강하고 직선적이다. 논리정연하고 말을 잘한다. 완벽성을 추구하며 꼼꼼하다. 따라서 신경성으로 아픈 경우가 많다. 신경성으로 편두통이나 위장 질환이 많다. 예지력이 있고 예감이 발달했다. 화려한 생활을 즐겨야 운이 따른다. 부자유스러운 일을 싫어한다. 자신의 위치를 잘 파악하고 자신의 일에 충실하다. 까다롭고 괴팍한 면이 있다. 그러면서도 진실하다. 자신감이 넘친다. 의대, 법, 정치, 외국어 계통에 적합하다. 해외와 관련된 운도 강한 편이다.

 개(술, 戌)

말을 잘한다. 정직하고 거짓을 모르며 성격이 충직하다. 아무렇게나 말하는 경우가 더러 있으므로 구설수를 조심해야 한다. 현실 개척 능력이 강하다. 돈을 버는 능력도 뛰어나다. 논리가 강하다. 학자 사주라고도 한다. 은근히 팔자가 센 편이다. 건방진 면도 다소 있고 무게도 많이 잡는다. 하지만 싸워도 뒤끝이 없다. 충성심이 강하고 사람을 잘 믿는다. 바른말도 잘한다. 항상 할 말을 딱딱 하기에 적을 많이 만든다. 거짓을 모른다. 정직하며 의리가 있으며 적극적이다. 대의명분이 뚜렷한 것을 좋아하고 그런 경우 일을 더 잘한다. 가정적인 것을 좋아하지만 남의 일을 돌봐주기도 좋아한다. 중상모략이나 험담에 시달려서 전전긍긍하기도 한다. 일에 몰두를 잘한다. 언어학에 강하고 임기응변이 뛰어나다. 자수성가하는 경우가 많다. 교육 계통에 많다. 이기적인 면이 있으면서도 동시에 남을 돕고 베풀고 싶은 마음도 갖고 있다. 바람기가 있다.

돼지(해, 亥)

식복이 있다. 은근히 욕심이 많다. 너무 고집부리지 않는 것이 좋다. 복이 많으므로 오행이 따라준다면 무엇을 해도 좋다. 공상을 많이 한다. 새로운 것을 추구하는 창조성이 있다. 규정되어진 일이나 시키는 일은 잘 하지 않으면서도 엉뚱한 일이나 창조적인 일을 잘한다. 완벽함을 추구하므로 꼼꼼한 면도 있다. 부모덕을 보기보다는 자수성가하는 경우가 많다. 자립심과 독립심이 강하다. 남이 잘 안 하는 창조적이거나 특수한 직업을 해야 자기 만족감을 얻는다. 평범한 직업에는 만족을 잘 못 한다. 어떤 계통이든 욕심이 많다. 따라서 지는 것을 싫어한다. 식욕을 타고나 배고픈 것은 못 참는다. 식복을 타고나서 위장이 튼튼한 경우가 많다. 인내력과 지구력은 강하다. 주위는 지저분해도 자신의 몸은 깨끗이 한다. 집안이 깨끗해야 운이 따른다. 비밀이 많다.

당신에게 행운이 옵니다
운BTI
운 Based Type Indicator

2022년 8월 30일 1판 1쇄 발행

지 은 이 | 박성준

발 행 인 | 유재옥
본 부 장 | 조병권
편집1팀 | 김준규 김혜연 박소연
편집2팀 | 정영길 조찬희 박치우 정지원
편집3팀 | 오준영 곽혜민 이해빈
디 자 인 | 김보라 박민솔
라 이 츠 | 맹미영 이승희 이윤서
디 지 털 | 박상섭 김지연
영　　업 | 박종욱
마 케 팅 | 한민지 최원석 최정연 한소리
물　　류 | 허석용 백철기
제　　작 | 코리아피앤피
외부편집자 | 성명신
외주디자인 | 올디자인 그룹

발 행 처 | ㈜소미미디어
발행등록 | 제2015-000008호
주　　소 | 서울시 마포구 토정로 222번지, 403호(신수동, 한국출판콘텐츠센터)
전　　화 | 편집부 (070)4164-3960, (070)4253-9250
　　　　　판매 및 마케팅 (070)4165-6888, Fax.(02)322-7665

ISBN 979-11-384-1376-3　03180